O PAPEL DAS UNIVERSIDADES FRENTE À VIOLÊNCIA PSICOLÓGICA DOS ALUNOS CONTRA O PROFESSOR:

Uma visão sob a ótica trabalhista

REGINA CÉLIA PEZZUTO RUFINO

Doutora em Direito do Trabalho pela UMSA. Mestre em Direito do Trabalho pela PUC-SP.
Especialista em Direito do Trabalho e Previdenciário pela PUC-SP. Advogada e docente em diversas Universidades.
Autora de livros e artigos jurídicos publicados no Brasil e no exterior.

O PAPEL DAS UNIVERSIDADES FRENTE À VIOLÊNCIA PSICOLÓGICA DOS ALUNOS CONTRA O PROFESSOR:

Uma visão sob a ótica trabalhista

EDITORA LTDA.

© Todos os direitos reservados

Rua Jaguaribe, 571
CEP 01224-001
São Paulo, SP — Brasil
Fone (11) 2167-1101
www.ltr.com.br
Setembro, 2015

Produção Gráfica e Editoração Eletrônica: GRAPHIEN DIAGRAMAÇÃO E ARTE
Projeto de Capa: R. P. TIEZZI
Impressão: PIMENTA GRÁFICA E EDITORA

versão impressa — LTr 5326.5 — ISBN 978-85-361-8597-2
versão digital — LTr 8807.4 — ISBN 978-85-361-8610-8

Dados Internacionais de Catalogação na Publicação (CIP)
(Câmara Brasileira do Livro, SP, Brasil)

Rufino, Regina Célia Pezzuto

O papel das universidades frente à violência psicológica dos alunos contra o professor : uma visão sob a ótica trabalhista / Regina Célia Pezzuto Rufino. — São Paulo : LTr, 2015.

Bibliografia.

1. Ambiente escolar 2. Assédio moral 3. Conflitos interpessoais 4. Dano moral 5. Jovens infratores — Educação 6. Responsabilidade (Direito) 7. Violência (Direito) 8. Violência — Aspectos psicológicos 9. Violência — Brasil 10. Violência nas escolas - Brasil I. Título.

15-06551   CDU-347.157.1:343.23(81)

Índice para catálogo sistemático:

1. Brasil : Violências nas escolas : Atos
   infracionais : Responsabilidade : Direito
   347.157.1:343.23(81)

Dedico esta obra a Enos Maciel Rufino e Iolanda Pezzuto Rufino, pelo apoio incondicional em todas as horas e por serem o alicerce inabalável nesta longa caminhada.

Agradeço
Em primeiro lugar a Deus, por iluminar com seu amor e sapiência a mim e a todos que amo.

A meus pais, pelo amor incondicional e apoio na trajetória de minha vida.

A todos meus familiares, sobretudo aos meus mestres e colegas argentinos por todas as trocas de reflexões jurídicas e por sempre me incentivarem na dedicação à vida acadêmica e à pesquisa.

A todos colaboradores da LTr, sobretudo, Decio Nogueira e Aline Oliveira, que tornaram esta parceria a perpetuação de um trabalho em conjunto repleto de frutos por quase dez anos.

SUMÁRIO

Prefácio	11
Introdução	13
Capítulo I. A valorização do trabalhador e o equilíbrio das relações trabalhistas	15
1.1. A valorização do trabalho humano	15
1.2. A importância de um ambiente de trabalho equilibrado	22
1.3. A desigualdade entre os sujeitos da relação jurídica trabalhista	26
1.3.1. Os princípios norteadores das relações trabalhistas	26
1.3.2. Contrato de trabalho como fonte de obrigação	35
1.3.3. Os poderes do empregador e o abuso de poder	37
Capítulo II. Assédio moral nas relações trabalhistas	42
2.1. Conceito e peculiaridades	42
2.2. Diferenças entre assédio moral e assédio sexual	48
2.3. Classificação do assédio moral trabalhista	52
2.3.1. Assédio moral vertical	53
2.3.2. Assédio moral horizontal	56
2.4. Principais consequências do assédio moral	57
Capítulo III. Responsabilidade civil do empregador em face dos atos praticados por seus prepostos	68
3.1. Conceito e fundamentos	68
3.1.1. Responsabilidade civil contratual e aquiliana	70
3.1.2. Responsabilidade subjetiva e objetiva	72
3.1.3. Nexo causal e excludentes de ilicitude	76
3.1.4. Dano material, moral e estético	79
3.2. Responsabilidade civil do empregador no contrato de trabalho	90

Capítulo IV. Responsabilidade das universidades privadas no tocante ao ato ilícito praticado pelos alunos 94

    4.1. Os atores no ambiente educacional 94

    4.2. A relação jurídica entre os atores no cenário do ensino superior privado 97

    4.3. A responsabilidade civil das universidades privadas 105

        4.3.1. A responsabilidade civil das universidades privadas em face do ato ilícito praticado por alunos ou terceiros .. 112

Capítulo V. Responsabilidade civil das universidades privadas em face da violência psicológica praticada pelos alunos contra o professor 117

    5.1. A violência psicológica nas instituições de ensino 117

        5.1.2. O assédio moral sofrido pelo professor 122

    5.2. A responsabilidade civil das universidades pelo assédio moral sofrido pelo professor 130

        5.2.1. Responsabilidade civil das universidades em face do assédio moral praticado pelos alunos contra o professor 137

Considerações Finais 143

Bibliografia e Webgrafia 147

Prefácio

Recebi o convite para prefaciar esta obra da professora Regina Célia Pezzuto Rufino com sentimentos de alegria e orgulho. Alegria porque o destino me propicia oportunidade de participar, embora de modo indireto, de mais um livro de sucesso da autora. Quando nos conhecemos em uma das reuniões da Comissão da Mulher Advogada na OAB/SP, foi imediata a identificação de amizade, ao ter mencionado com carinho que fazia citações bibliográficas do meu avô, Eduardo Gabriel Saad (*in memoriam*) em suas obras. Orgulho porque os aspectos abordados na obra fazem emergir valores fundamentais de garantir o princípio da pessoa humana, que sempre estiveram presentes no meu trabalho como advogada.

O leitor da presente obra notará o estilo objetivo e com conhecimento da autora que, além de advogada, há anos, ministra aulas de graduação e pós-graduação na disciplina de Direito do Trabalho e Processo do Trabalho, em reconhecidas Universidades do País.

O cerne da obra será as implicações da relação de trabalho envolvendo professor e Universidade, com análise de violação do princípio da dignidade humana do professor, a que se sujeita no local de trabalho, a saber, nas salas de aulas, em situações vivenciadas com os alunos das Universidades, que abarcam a relação consumerista, sem olvidar a responsabilidade dos atores sociais. Esta visão multifacetária da autora que escreve sobre as consequências jurídicas do empregador, Universidade na ocorrência de omissão de preservar o ambiente de trabalho saudável, para obtenção exclusiva do lucro, torna a obra inédita e imprescindível para os profissionais de direito conectados com as novas realidades em tempos pós-modernos, onde o desafio é, assegurar normas constitucionais, para preservar valores ínsitos à pessoa humana.

Eliana Saad Castello Branco
Secretaria Geral da AATSP

Introdução

Este estudo aborda a problemática da violência moral contra o professor de universidades privadas e o ônus da responsabilização, analisando as relações jurídicas entre as universidades privadas, os docentes, e os alunos, retratando as singularidades dessas relações, sob a ótica analítica das acepções do contrato de trabalho entre as instituições de ensino privado e os professores, mormente quando este figura como interceptor entre as universidades e seus alunos.

Os professores das universidades privadas possuem relação interpessoal de mão tripla, vez que se encontram umbilicalmente ligados às instituições de ensino particulares pelo manto protetor do direito laboral e na atividade empírica de sua profissão, e interligam-se aos alunos, vistos primordialmente como clientes das universidades privadas, que, por sua vez, são empregadoras dos docentes, deparando-se estes com uma relação de consumo muitas vezes selvagem em que se tornam meros instrumentos para angariar mais clientes para seus empregadores.

A busca desenfreada das universidades privadas pela conquista e manutenção de seus alunos enseja, por vezes, o tratamento precário e negligente perante seus professores, expondo-os a um "habitat laboral" desarmonioso e desequilibrado, sob a escusa do foco maior que é o aumento gradativo da lucratividade e satisfação integral dos discentes consumidores.

Contudo, o descaso e o desrespeito das universidades quanto aos direitos de seus docentes pode acarretar a prática de ilícitos trabalhistas, tanto pelas próprias instituições de ensino, quanto por terceiros, sobretudo pelos alunos.

A gravidade se instala quando estes ilícitos são praticados de forma reiterada, o que configura o fenômeno denominado assédio moral, capaz de ensejar consequências multifacetárias aos docentes.

Para uma análise mais aprofundada, será demonstrada no primeiro capítulo a evolução do reconhecimento dos direitos dos trabalhadores, antes vistos como "coisa", objeto de troca, e, posteriormente, paulatinamente tendo seus direitos personalíssimos reconhecidos. Em seguida, será analisada a prática do assédio moral em todas as suas acepções e consequências jurídicas e, nos capítulos seguintes, serão abordadas questões inerentes à responsabilidade civil das instituições de ensino em geral e especialmente a responsabilidade da universidade como empregadora, no tocante ao ilícito que atinge seus professores empregados.

Por fim, no último capítulo será abordado o assédio moral contra os professores e, por conseguinte, quais os limites e contextos em que a universidade privada se obriga a responsabilizar-se pelo assédio que atinge seu docente, sobretudo quando praticado por terceiros, estranhos à relação laboral, como os alunos.

A pesquisa utilizou abordagem pelo método dedutivo, a fim de demonstrar que a problemática se intensifica em razão de as múltiplas facetas de as relações em comento serem, consuetudinariamente, relações permanentes, contínuas, o que propicia a prática dos ilícitos de forma reiterada, caracterizando, pois, o assédio moral.

Diversas formas de assédio podem ser praticadas no meio educacional do ensino superior, contudo, a posição do professor como hipossuficiente perante a universidade privada o transforma muitas vezes em refém do aluno, vez que, para agradar este último, a universidade extrapola seu poder de mando e direção, atingindo a esfera íntima e os direitos personalíssimos do docente, o que aguça o assédio moral.

Para tanto, a pesquisa tratará dos limites e critérios para responsabilizar a universidade pelo assédio cometido por alunos contra o professor, considerando o núcleo funcional das instituições de ensino superior, os princípios fundamentais e trabalhistas, as leis constitucional e trabalhista, além da função social do contrato e da empresa.

Vislumbrar-se-á que, muito embora os donos e prepostos da universidade não tenham iniciado a conduta da prática do assédio praticado pelos alunos contra o professor, sua inércia e descaso em manter um ambiente laboral harmonioso e equilibrado ao docente pode ensejar a responsabilidade da instituição empregadora nos moldes a serem analisados nesta pesquisa.

Capítulo I

A VALORIZAÇÃO DO TRABALHADOR E O EQUILÍBRIO DAS RELAÇÕES TRABALHISTAS

O trabalho humano, em qualquer modalidade, enaltece a dignidade do homem, sendo um bem indispensável para a realização social e pessoal do ser.

1.1. A VALORIZAÇÃO DO TRABALHO HUMANO

O homem sempre dependeu do trabalho para manter a sobrevivência. E a necessidade de alimentar-se, bem como de proteger seu grupo social, ensejaram um aprimoramento do trabalho realizado, na busca da perpetuação da espécie[1].

Contudo, na época da Antiguidade Clássica, o trabalho era visto somente sob o prisma material, o trabalhador era considerado "coisa", originando a figura do escravo, decorrente do nascimento de mãe escrava ou de ser prisioneiro de guerra ou descumpridor de suas obrigações. Esse tipo de trabalhador, classificado como escravo, limitava-se ao trabalho manual, considerado vil à época, cabendo a tarefa de evolução do pensamento e de contemplação aos homens livres, uma vez que os escravos eram tidos como incapazes[2].

Para o trabalhador se livrar da condição de escravo, passava para a condição de servo, por meio da declaração de seu senhor ou após sua morte; todavia, os servos também eram obrigados a trabalhar e possuíam uma série de restrições, se obrigando, inclusive, ao pagamento de altas taxas aos senhores feudais, proprietários das terras, os quais pagavam

---

(1) BARROS, Alice Monteiro de. *Curso de direito do trabalho*. 4. ed. São Paulo: LTr, 2005. p. 50.
(2) *Idem*, p. 50.

uma importância ao servo trabalhador, o que, para muitos doutrinadores, foi denominado primeira modalidade de salário[3].

A ocorrência da Revolução Industrial despertou a consciência de proteção do Estado em relação ao trabalhador, impossibilitado ou limitado para se defender diante da força econômica da indústria, decaindo a ideia do poder absoluto do senhor feudal sobre seus servos, iniciando, pois, a valorização do trabalhador[4].

A necessidade de uma ordem jurídica que disciplinasse as questões envolvendo o trabalhador e seus anseios e direitos se originou da questão social que foi precedida da Revolução Industrial e da reação humanista a que ela se propôs: a garantir ou preservar a dignidade do ser humano ocupado no trabalho das indústrias[5].

A Declaração dos Direitos do Homem e do Cidadão, aprovada em 26 de agosto de 1789, marcou a valorização do homem, o que embasaria, posteriormente, de forma mais consolidada, a valorização do trabalhador. Esta Declaração, que obedeceu à filosofia da história, à Revolução Francesa, soou de grande importância à valorização do homem; para muitos, foi uma sequência da Declaração Americana, conforme esclarece Bobbio[6]:

> Apesar da influência até mesmo imediata que a revolução dos treze colonos teve na Europa, bem como da rápida formação no Velho Continente do mito americano, o fato é que foi a Revolução Francesa que constituiu, por cerca de dois séculos, o modelo ideal para todos os que combateram pela própria emancipação e pela libertação do próprio povo. Foram os princípios de 1789 que constituíram, no bem como no mal, um ponto de referência obrigatória para os amigos e para os inimigos da liberdade, princípios invocados pelos primeiros e execrados pelos segundos.

Para Vianna[7], a valorização do trabalho é muito anterior tem início com o Renascimento, ao induzir que o trabalho é uma virtude do ser humano, ligando umbilicalmente o ser humano com o trabalho:

> Aquilo que os cristãos tinham como pecado, que os pagãos consideravam indigno do homem livre, se revaloriza em uma nova apreciação da *humanitas* como livre atividade racional. Se o homem é assim enquanto persegue seus objetivos, se modela suas vicissitudes, se não sucumbe ao destino, então, com seu valor, é fator responsável

---

(3) VIANNA, Segadas et. all. *Instituições do direito do trabalho*. São Paulo: LTr, 2000. v. 1. p. 84.
(4) RUFINO, Regina Célia Pezzuto. *Assédio moral no âmbito da empresa*. São Paulo: LTr, 2007. p. 18.
(5) NASCIMENTO, Amauri Mascaro. *Curso do direito do trabalho*. São Paulo: Saraiva, 2009. p. 393.
(6) BOBBIO, Norberto. *A era dos direitos*. Tradução de Celso Lafer. Rio de Janeiro: Campus, 2004. p. 114.
(7) VIANNA, Segadas. Ob. cit., p. 85.

da vida e da história; o ócio é condenado como inumano, o trabalho constitui a verdadeira essência humana.

A concepção das ideias percursoras da Revolução Francesa, como liberdade, igualdade e fraternidade, se deu em várias dimensões, florescendo inicialmente a ideia da liberdade, como uma classe de direito que se opõe ao Estado; em seguida, a ideia de igualdade, com o tratamento de forma isonômica, proporcionando igualdade de condições[8].

Paulatinamente, o trabalho é visto como uma virtude inerente ao ser humano, o qual é cada vez mais respeitado em função do desempenho de alguma atividade trabalhista.

A valorização do trabalhador, como de qualquer ser humano, se consolidou com a Declaração Universal dos Direitos Humanos de 1948[9], que dispõe em seu art. 1º:

> Considerando que o reconhecimento da dignidade inerente a todos os membros da família e de seus direitos iguais e inalienáveis é o fundamento da liberdade, da justiça e da paz no mundo.
>
> Art. 1º — Todas as pessoas nascem livres e iguais em dignidade e direitos. São dotadas de razão e consciência e devem agir em relação uma às outras com espírito de fraternidade.

E em seu art. 23:

> 1. Toda pessoa tem direito ao trabalho, à livre escolha de emprego, a condições justas e favoráveis de trabalho e à proteção contra o desemprego.
>
> 2. Toda pessoa, sem qualquer distinção, tem direito a igual remuneração por igual trabalho.
>
> 3. Toda pessoa que trabalhe tem direito a uma remuneração justa e satisfatória, que lhe assegure, assim como à sua família, uma existência compatível com a dignidade humana, e a que se acrescentarão, se necessário, outros meios de proteção social.
>
> 4. Toda pessoa tem direito a organizar sindicatos e neles ingressar para proteção de seus interesses.

Assim, a partir da citada Declaração, a valorização de um trabalho livre e digno, inerente à pessoa humana, restou insofismável, bem como a

---

(8) HEMÉRITO, Rilma Aparecida. Assédio moral no trabalho. *Revista IOB Trabalhista e Previdenciária*. Ano XVII, n. 208. Thomson IOB, 2006, p. 27
(9) Disponível em: <http://www.oit.org.br>. Acesso em: 21 ago. 2009.

expressão de respeito às liberdades individuais, exaltando a autonomia do indivíduo, considerando a pessoa humana um fim e não um meio.

Nascimento[10] registra que:

> As relações de trabalho tiveram, ao longo do tempo, diferentes enfoques de proteção. Primeiramente, o que se visava preservar era a própria vida do trabalhador frente às máquinas extremamente agressivas e o meio ambiente físico que a ceifavam. Com o início da 1ª Guerra Mundial, a reivindicação passou a ser por proteção voltada para a manutenção da qualidade de vida no trabalho. Finalmente, em 1968, a luta que mobilizou a ação sindical voltou-se para medidas preventivas da higidez mental do trabalhador.

Contudo, a violência nas relações interpessoais da época da ditadura militar afastou o respeito à dignidade humana como qualidade essencial da pessoa e do trabalhador, a qual voltou a figurar como alvo de proteção somente com o advento da Constituição de 1988.

O retorno da democracia trouxe o reconhecimento do cidadão como pessoa, em seus mais altos anseios, evoluindo a consciência da importância do exercício da cidadania, da valorização da dignidade como bem maior, e da preservação dos direitos fundamentais nas relações interpessoais, sociais e no ambiente do trabalho[11].

A valorização do trabalhador como pessoa humana é de notável importância, por ser tal atributo um adjetivo intrínseco à condição especial do ser, como finalidade, reconhecendo a dignidade como atributo natural do trabalhador, o qual não deve ser tratado como uma mercadoria pertencente ao processo produtivo que visa a obtenção do lucro para satisfação dos anseios capitalistas.

No Brasil, os direitos fundamentais foram previstos inicialmente na Constituição de 1934, porém, não tão valorados posteriormente, passando a ganhar maior importância com a promulgação da Constituição Federal de 1988. A criação dos princípios e dispositivos constitucionais inerentes aos direitos fundamentais, frutos da fase pós-ditadura militar e início da fase democrática, resgatou a importância da dignidade, da liberdade, da cidadania, dos direitos da personalidade, perdidos nos anos do regime ditatorial, resgatando a valorização de bens de extrema importância para o homem e sua relação na sociedade, inclusive dentro das relações empregatícias[12].

---

(10) Ob. cit., p. 395.
(11) RUFINO, Regina Célia Pezzuto, ob. cit., p. 24.
(12) *Idem*, p. 26.

Sarlet[13] expressa com precisão o valor da dignidade como qualidade da pessoa humana:

> (...) temos por dignidade da pessoa humana a qualidade intrínseca e distintiva de cada ser humano que o faz merecedor do mesmo respeito e consideração por parte do Estado e da comunidade, implicando, neste sentido, um complexo de direitos e deveres fundamentais que assegurem a pessoa tanto contra todo e qualquer ato de cunho degradante e desumano, como venham a lhe garantir as condições existenciais mínimas para uma vida saudável, além de propiciar e promover sua participação ativa e co-responsável nos destinos da própria existência e da vida em comunhão com os demais seres humanos.

O mundo jurídico contemporâneo não se restringe à reivindicação de proteção da jornada de trabalho, do salário e demais direitos materiais trabalhistas. Luta-se, outrossim, pela proteção dos direitos à personalidade do trabalhador, por maior liberdade de trabalho, pela satisfação do trabalhador no ambiente do trabalho, direitos estes não previstos expressamente na legislação especializada (Consolidação das Leis do Trabalho), todavia, reconhecidos em outras normas aplicáveis, e imprescindíveis à valorização do trabalho humano[14].

A valorização do trabalho humano tornou-se imprescindível, por ser um direito social, que interfere diretamente na ordem econômica, base do capitalismo de um país federativo como o nosso, uma vez que empregados valorizados são mais eficientes, o que fomenta o lucro das empresas e o movimento da economia de uma nação.

Nesse esteio, Delgado[15] afirma que na sociedade contemporânea:

> O universo social, econômico e cultural dos Direitos Humanos, passa, de modo lógico e necessário, pelo ramo jurídico trabalhista, à medida que este regula a principal modalidade de inserção dos indivíduos no sistema socioeconômico capitalista, cumprindo o papel de lhes assegurar um patamar civilizado de direitos e garantias jurídicas, que, regra geral, por sua própria força e/ou habilidades isoladas, não alcançariam. A conquista e afirmação da dignidade de pessoa humana não mais podem se restringir à sua liberdade e intangibilidade física e psíquica, envolvendo, naturalmente, também a conquista e afirmação

---
(13) SARLET, Ingo Wolfgang. *Dignidade da pessoa humana e direitos fundamentais na Constituição Federal de 1988*. Porto Alegre: Livraria do Advogado, 2004. p. 37.
(14) RUFINO, Regina Célia Pezzuto. Ob. cit., p. 28.
(15) DELGADO, Mauricio Godinho. *Curso de direito do trabalho*. São Paulo: LTr, 2008. p. 85-81.

de sua individualidade no meio econômico e social, com repercussões positivas conexas no plano cultural.

Portanto, o reconhecimento da dignidade da pessoa humana, sobretudo do trabalhador, que deve ter respeitado o valor social do trabalho, se consolidou com a Constituição Federal de 1988, ao considerar estes direitos como princípios fundamentais do Estado Democrático:

> Art. 1º A República Federativa do Brasil, formada pela união indissolúvel dos Estados e Municípios e do Distrito Federal, constitui-se em Estado Democrático de Direito e tem como fundamentos:
>
> I — (...)
>
> II — (...)
>
> III — a dignidade da pessoa humana;
>
> IV — os valores sociais do trabalho e da livre iniciativa;

O princípio da dignidade da pessoa humana reflete a valorização dos direitos fundamentais e valores primordiais ao constituinte, os quais devem coexistir com o respeito da dignidade humana e com o valor social do trabalho.

Vale[16] entende que os direitos fundamentais são "um conjunto de valores objetivos básicos e, ao mesmo tempo, como marco de proteção de situações jurídicas subjetivas".

De acordo com a teoria de Carl Schmitt, os direitos fundamentais se classificam em: a) todos aqueles que estão no texto da Constituição; b) todos aqueles que possuem proteção constituinte em virtude da imutabilidade da reforma constitucional[17].

Para facilitar os estudos e o entendimento do tema, os direitos foram classificados em gerações ou dimensões, como preferem denominar alguns autores, entendendo que, do ponto de vista teórico, os direitos do homem nasceram em certas circunstâncias históricas, como os direitos individuais, ligados à ideia de liberdade,[18] com obrigação negativa do Estado, considerados de primeira geração; os direitos relacionados à igualdade, ou direitos sociais[19] ou liberdade positiva, considerados de segunda geração, e os direitos de solidariedade[20], fraternidade, os de terceira geração e,

---

(16) VALE, André Rufino. Constituição e direito privado. Algumas considerações sobre a eficácia dos direitos fundamentais nas relações privadas. *Revista do Direito Público* n. 06 — out., nov. e dez/2004, p. 32.

(17) BONAVIDES, Paulo. *Curso de direito constitucional*. São Paulo: Malheiros, 2002. p. 40.

(18) Direitos dos cidadãos derivados de sua condição de ser humano.

(19) O Estado tem o dever de reconhecer e ter ações positivas frente a este direito.

(20) Aqueles reivindicados por um movimento social. Pode envolver a questão da ecologia e meio ambiente.

atualmente, os direitos de quarta geração, que são aqueles que lidam com as mutações do patrimônio genético de cada indivíduo e seus limites[21].

Verifica-se, pois, que a valorização do trabalhador como ser digno foi um dos primeiros direitos a serem protegidos e se baseia nos princípios norteadores de todo ordenamento jurídico bem como na valorização dos direitos fundamentais; por conseguinte, todas as relações jurídicas, em especial a trabalhista, devem ser inspiradas na valorização do trabalho como respeito àquela qualidade intrínseca do trabalhador como membro participante de uma sociedade justa livre e solidária.

Esta ideia vai ao encontro dos objetivos fundamentais constitucionais, os quais preconizam e consolidam a relevância do princípio da solidariedade, conforme disposto no art. 3º da CRFB:

> Art. 3º: Constituem objetivos fundamentais da República Federativa do Brasil:
>
> I — construir uma sociedade livre, justa e solidária;
>
> (...)
>
> IV — promover o bem de todos, sem preconceitos de origem, raça, sexo, cor, idade e quaisquer outras formas de discriminação;

O reconhecimento desses princípios e a valorização do trabalhador se mostram cada vez mais consolidados ao embasarem os ditames da Ordem Econômica bem como da Ordem Social (previstas separadamente pela primeira vez na CRFB/88), tendo por fim assegurar a todos *existência digna*, conforme os ditames da justiça social:

> Art. 170. A ordem econômica, fundada na valorização do trabalho humano e na livre iniciativa, tem por fim assegurar a todos existência digna, conforme os ditames da justiça social, observados os seguintes princípios:
>
> (...)
>
> Art. 193. A ordem social tem como base o primado do trabalho, e como objetivo o bem-estar e a justiça sociais.

A Constituição Brasileira prevê, ainda, dispositivos mais específicos sobre a ideia de dignidade, liberdade humana e dos direitos fundamentais previstos no art. 5º[22], todos interligados aos direitos sociais, previstos no art. 6º (direito ao trabalho, à saúde, ao lazer e outros), e à proteção do emprego

---

(21) BOBBIO, Norberto. Ob. cit., p. 101.
(22) Art. 5º, *caput*: "Todos são iguais perante a lei, sem distinção de qualquer natureza, garantindo-se aos brasileiros e aos estrangeiros residentes no País a inviolabilidade do direito à vida, à liberdade, à igualdade, à segurança e à propriedade, nos termos seguintes".

contra despedida arbitrária, prevista no art. 7º, I, todos, visando a melhoria da condição social.

Assim, o trabalhador merece ter sua dignidade respeitada como cumprimento do valor social do trabalho, uma vez que o princípio da dignidade norteia quaisquer direitos, especialmente as garantias fundamentais, servindo como limitador das manobras que possam desvalorizar o trabalhador.

Para tanto, vislumbra-se a necessidade de conscientização da existência dos direitos de personalidade e da importância do respeito destes direitos dentro das relações trabalhistas, haja vista que o trabalho, prestado pelo empregado, não visa somente a busca da subsistência, mas sim a prevalência de outros direitos do trabalhador, dentro da sociedade[23]. O importante é que o trabalhador logre produzir, a fim de arcar com sua subsistência, bem como satisfazer sua realização pessoal, além de ser valorizado no seio da família e da sociedade, pois com o trabalho, a produção cresce, e também o poder econômico, o consumo e se atinge o progresso de um país, com a satisfação do operário que se sente mais digno e valorizado pela coletividade[24].

1.2. A IMPORTÂNCIA DE UM AMBIENTE DE TRABALHO EQUILIBRADO

O meio-ambiente do trabalho é o local onde se desenvolve o exercício laborativo, inserindo em sua concepção toda e qualquer interação; logo, o equilíbrio deste ambiente é primordial para a proteção à vida e à integridade física e psicológica do trabalhador[25].

O art. 3º, I, da Lei n. 6.938/81 se encarregou de definir o meio ambiente como:

> Art. 3º, I: O conjunto de condições, leis, influências e interações de ordem física, química e biológica, que permite, abriga e rege a vida em todas as suas formas.

Outrossim, há a previsão do art. 225 da CRFB, que dispõe sobre a necessidade de um meio ambiente equilibrado para todo ser humano:

> Todos têm direito ao meio ambiente ecologicamente equilibrado, bem de uso comum do povo e essencial à sadia qualidade de vida, impondo-se ao Poder Público e à coletividade o dever de defendê-lo e preservá-lo para as presentes e futuras gerações.

---
(23) RUFINO, Regina Célia Pezzuto. Ob. cit., p. 26.
(24) *Idem*, p. 27.
(25) *Ibidem*, p. 35.

O meio ambiente do trabalho engloba as edificações do estabelecimento, a iluminação, as instalações elétricas, condições de salubridade, de periculosidade, a prevenção à fadiga, a questão da jornada de trabalho, o manuseio de materiais e outros que formam o complexo máquina-trabalho[26].

O trabalhador passa a maior parte de seu tempo no ambiente laboral, consequentemente, sofre as maiores influências das ocorrências deste local, razão que justifica as ações por parte do empregador a fim de garantir a qualidade de vida do trabalhador, priorizando a manutenção de sua saúde e integridade física e psicológica.

Fiorillo[27] traduz a importância do meio ambiente equilibrado como um pressuposto de exercício lógico dos direitos humanos: "vez que, em sendo o direito à vida *o objeto do direito ambiental,* somente aqueles que possuírem vida, com qualidade e saúde, é que terão condições de exercitarem os demais direitos humanos, como os direitos sociais, da personalidade e políticos do ser humano".

O avanço do desenvolvimento industrial e tecnológico ensejou o abandono por parte dos juristas de uma visão dos aspectos puramente técnicos e econômicos da produção de bens, não mais podendo menosprezar as condições mínimas para que o homem desenvolva suas atividades, imperando a necessidade de o empregador assegurar o desenvolvimento das atividades dos trabalhadores num ambiente saudável e equilibrado, cercado de segurança e higiene, livre de qualquer fator que viole seus bens jurídicos, preservando sua personalidade, saúde e vida.

A partir destes conceitos, Fiorillo[28] bem explicitou ao interligar o meio ambiente com o direito ao trabalho:

> O mesmo se aplica com relação ao "direito ao trabalho", já que a saúde trata-se de um objetivo intrínseco ao meio ambiente, que dele não se separa. Em virtude disso, a doutrina, motivada pelo tratamento dado ao tema pela CF (arts. 200, VIII, 7º, XIV, XXXIII, entre outros incisos do referido artigo), "criou" o chamado meio ambiente do trabalho, qual seja, local onde se exerce qualquer atividade laboral. Também aí, o meio ambiente deve ser ecologicamente equilibrado, com qualidade de vida, sob pena de inviabilizar o próprio exercício desta garantia prevista no art. 6º da CF: o direito ao trabalho.

---

(26) NASCIMENTO, Amauri Mascaro. Ob. cit., p. 435.
(27) FIORILLO, Celso Antonio Pacheco; RODRIGUES, Marcelo Abelha. *Manual de direito ambiental e legislação aplicável.* São Paulo: Max Limonad, 1997. p. 28.
(28) FIORILLO, Celso Antonio Pacheco. Ob. cit., p. 28.

Para exercitar o direito ao meio ambiente, é necessário valorizar sua importância, buscando o equilíbrio do local de trabalho para o desempenho de um trabalho saudável e digno com respeito a todos os bens jurídicos inerentes ao trabalhador.

Visando todo este cuidado, o legislador dispôs no capítulo sobre medicina e segurança do trabalho previsto a partir do art. 154 da CLT, algumas das normas relativas à proteção da saúde e segurança do trabalho, sem prejuízo dos demais ditames, sobretudo, das normas internas da empresa e das normas coletivas, em busca da garantia da qualidade de vida do trabalhador e sua dignidade no exercício laboral[29].

Denota-se pois, que o interesse pelo ambiente de trabalho saudável não se restringe apenas a um direito individual do empregado, devendo ser considerado também um direito coletivo e de interesse do Poder Público, o qual deve preservar o bem comum, observando, a importância das normas inerentes à segurança e medicina do trabalho.

Há de ressaltar, ainda, que da ideia de meio ambiente extraem-se dois objetos da tutela ambiental: "um imediato, que é a qualidade do meio ambiente, e outro mediato, que é a saúde, o bem-estar e a segurança da população, que se vêm sintetizando na expressão da qualidade de vida"[30].

O ambiente do trabalho não se limita somente ao local físico onde o empregado presta suas atividades. Na era da informatização e da comunicação cibernética, as relações trabalhistas também sofrem mutações, devendo atentar-se para o novo modelo de ambiente de trabalho, o qual deixa de ser tangível (em muitos casos), e passa a ser virtual.

Por conseguinte, a preocupação do empregador em manter uma relação saudável com o trabalhador, proporcionando boa qualidade de vida a ele, deve extrapolar o ambiente físico de trabalho, trazendo uma proteção ao trabalhador em qualquer esfera de relacionamento inerente às questões laborais.

Nascimento[31] faz distinção entre a higiene do ambiente de trabalho com a higiene do trabalhador, tratando a primeira do local de trabalho e a segunda dos aspectos pessoais do trabalhador, ao aduzir a necessidade da preservação da higiene na busca de um ambiente de trabalho equilibrado.

Os aspectos pessoais do trabalhador estão umbilicalmente ligados à preservação de um ambiente laboral saudável e equilibrado, devendo ser considerados no momento da proteção a saúde física e psicológica do

---

(29) RUFINO, Regina Celia Pezzuto. Ob. cit., p. 37.
(30) SILVA, José Afonso. *Direito constitucional ambiental*. São Paulo: Malheiros: 2003. p. 35.
(31) NASCIMENTO, Amauri Mascaro. Ob. cit., p. 496.

trabalhador, inclusive fora do ambiente do trabalho, conforme entendimento de Oliveira[32]:

> (...) pretende-se avançar além da saúde do trabalhador: busca-se a integração deste como homem, o ser humano dignificado e satisfeito com a sua atividade, que tem a vida dentro e fora do ambiente de trabalho, que pretende, enfim, qualidade de vida.

Por conseguinte, os cuidados com a saúde do trabalhador são essenciais à sua qualidade de vida, à valorização de seu trabalho, ao respeito à sua dignidade e cidadania, e inserem-se em seu bem-estar, físico, mental e social.

O avanço tecnológico e a atual organização do trabalho, que requerem um maior esforço mental, induzem uma pressão psicológica de grande monta e, aguçadas pelos efeitos da globalização e flexibilização, pioram as condições de trabalho, em face da alta competitividade, ensejando incertezas quanto à manutenção de direitos fundamentais e quanto à preservação do emprego, o que influencia a saúde do empregado de forma negativa, especialmente a saúde mental, causando ansiedade, depressão e até suicídio[33].

O desemprego maciço proporcionado pelo aumento da população frente à disponibilidade de trabalho, além do predomínio do capital financeiro não produtivo e do crescimento da automação, agravam esta situação, colocando o trabalhador numa situação cada vez mais desfavorável, o que para muitos doutrinadores configura o apocalipse das relações trabalhistas, conforme Oscar Ermida Uriarte (El fin trabajo y la seguridad social: Del seguro de paro al ingreso mínimo garantizado, em Informe de Seguridad Social, Montevideo, 2002, n. 2, p.5)[34]:

> Enfrentamos um desemprego estrutural massivo, produto de várias circunstâncias: entre elas, destaca o predomínio do capital financeiro no produto e o avanço tecnológico que produz a substituição de mão de obra por tecnologia, modificando assim, as competências e qualificações do trabalho requerido. O cambio tecnológico por cada posto de trabalho qualificado que cria destrói dezenas, centenas, milhares de empregos de menor qualificação, com a qual "o saldo de emprego é quantitativamente negativo"[35].

---

(32) OLIVEIRA, Sebastião Geraldo. *Proteção jurídica à saúde do trabalhador*. São Paulo: LTr, 2002. p. 81.
(33) RUFINO, Regina Celia Pezzuto. Ob.cit., p. 39.
(34) ACKERMAN, Mario E. (director). *Teoria General del Derecho del Trabajo in Tratado de Derecho del Trabajo* — Tomo I, 2005, p. 90. Rubinzal: Culzoni Editores.
(35) Enfrentamos um desempleo estrutural masivo producto de varias circunstancias: entre ellas, destaca el predomínio Del capital financiero no productivo y el avance tecnológico que produce la sustitución de mano de obra por tecnologia, modificando asi las competências y calificaciones del trabajo requerido. El cambio

Em razão disto, impera a necessidade de se analisar as características do meio ambiente, sobretudo do trabalho, para melhor entendermos sua influência nas condutas praticadas pelos trabalhadores e nos efeitos sofridos dentro desta esfera[36].

Estas situações podem levar o empregador a atormentar o empregado que se encontra mais fragilizado, o qual tudo suporta até seu limite, na busca da preservação do emprego, em face do receio de ser facilmente substituído e aguçam em demasia os interesses conflituosos das relações de trabalho, provocadas, sobretudo, em virtude da desigualdade de condições dos sujeitos envolvidos.

1.3. A DESIGUALDADE ENTRE OS SUJEITOS DA RELAÇÃO JURÍDICA TRABALHISTA

A relação jurídica na qual os sujeitos configuram como empregado e empregador versa sobre interesses conflituosos e contrapostos: de um lado a força de trabalho e do outro o capital econômico.

A desigualdade das partes envolvidas no âmbito trabalhista, ensejou a criação de normas e condições protetoras ao trabalhador, com intuito de dar-lhe forças para lidar com o empregador com um pouco mais de igualdade de condições, buscando o equilíbrio das partes na balança da justiça[37], símbolo do direito.

Dessa forma, surgiu a ideia do protecionismo, que consiste numa teia de proteção à parte considerada menos favorecida, o trabalhador, inspirando todos os demais princípios e ditames que regulam as relações especializadas.

1.3.1. Os princípios norteadores das relações trabalhistas

É muito complexo tentar definir princípios, contudo, pode-se dizer que possuem um caráter de integração e interpretação das normas, auxiliando o legislador, o aplicador e o intérprete da lei na busca da justiça social.

Para Alonso Garcia[38], os princípios do direito do trabalho são "linhas diretrizes ou postulados que inspiram o sentido das normas trabalhistas e configuram a regulamentação das relações de trabalho, conforme critérios distintos dos que podem encontrar-se em outros ramos do direito".

---

tecnológico por cada puesto de trabajo calificado que crea destruye decenas, centenas, miles de empleos de menor calificación, com lo cual "el saldo de empleo es cuantitativamente negativo."
(36) RUFINO, Regina Celia Pezzuto. Ob. cit., p. 39.
(37) O símbolo da balança em equilíbrio era considerado um símbolo de justiça, equidade para os gregos.
(38) GARCIA, Alonso. *Derecho del Trabajo*, Barcelona, 2006. p. 247.

São ideias fundamentais sobre a organização jurídica de uma comunidade, emanados da consciência social, que cumprem funções fundamentadoras, interpretativas e supletivas, a respeito de seu total ordenamento jurídico[39].

Os princípios são considerados mais que simples regras, são verdadeiras normas, não no sentido técnico da palavra, mas em sua aplicação, vez que, como normas, compreendem igualmente os princípios e as regras[40].

Ao discorrer sobre as ideias de Robert Alexy, dispõe que os princípios também são normas, vez que ambos se "formulam com a ajuda de expressões deônticas fundamentais, como mandamento, permissão e proibição"[41].

Ackerman[42] afirma que:

> O exame da doutrina e além da legislação laboral, permite observar que, em geral, se podem qualificar como princípios regras ou instrumentos de diferente importância ou função, e naquelas que são difíceis encontrar um denominador comum que permita subentender — por construção ou dedução em um conceito com suficiente aptidão abarcadora[43].

Eberhard Grabitz[44] assevera que o princípio normativo "deixa de ser, assim, tão somente *rattio legis*, para se converter em *lex*; e, como tal, faz parte constitutiva das normas jurídicas, passando, desse modo, a pertencer ao Direito Positivo".

O primeiro e mais importante princípio trabalhista é do protecionismo, ao considerar que o trabalhador possui uma limitação oriunda do constante crescimento da taxa de desemprego, da diminuição de oferta de postos de trabalho, da alta competitividade, que colocam o empregado numa situação desfavorável em relação ao empregador, o qual, muitas vezes, age com certa discricionariedade, ensejando a total dependência do trabalhador frente ao empregador, impondo a necessidade do Estado em estabelecer regras de proteção mínima para o trabalhador, frente a arbitrariedade da parte que detém o poder econômico[45].

---

(39) BASTOS, Celso Ribeiro. *Hermenêutica e interpretação constitucional*. São Paulo: Celso Bastos Editor. 1998. p. 144.
(40) BONAVIDES, Paulo. *Curso de direito constitucional*. São Paulo: Malheiros, 2002. p. 170.
(41) *Idem*, p. 170.
(42) ACKERMAN, Mario apud. *Tratado de derecho del trabajo*, Tomo I, 2009. p. 310 (tradução livre).
(43) El examen de la doctrina y, aun, de la legislación laboral, permite observar que, em general, se suelen calificar como *princípios* reglas o instrumentos de diferente importância u función, y em las que es difícil encontrar um denominador común que permita subsumirlos — por construcción o deducción — em um concepto com suficiente aptitud abarcativa.
(44) *apud* Bonavides, ob. cit., p. 51.
(45) RUFINO, Regina Celia Pezzuto. Ob. cit., p. 29.

Tendo o trabalhador somente sua força a oferecer, ou seja, oferecer a si mesmo, enquanto o empregador visa sempre o aumento da produtividade e do lucro, o Estado impôs algumas regras mínimas e genéricas que orientarão os ditames da relação jurídica trabalhista.

Ackerman[46] salienta que, em geral, a doutrina tem encontrado o fundamento do princípio do protecionismo na desigualdade das partes vinculadas a um contrato de trabalho, e a partir da lógica de corrigir tal desigualdade com a criação de outras desigualdades.

Os princípios basilares são divididos em diversas categorias, limitando-se este trabalho a apontar de maneira sintetizada os mais reconhecidos como aqueles embasadores das relações trabalhistas.

O principal e mais uníssono é o princípio do protecionismo, o qual pode desdobrar-se em três outros princípios: *in dubio pro operatio*[47], o da aplicação da norma mais favorável ao trabalhador e o da condição mais benéfica ao trabalhador, todos visando proteger a parte mais frágil da relação jurídica em comento.

Este princípio dita condições mais favoráveis ao trabalhador, dentro do liame trabalhista, alicerçando todas as regras deste ramo jurídico, com intuito de criar vantagens e condições mais benéficas ao empregado, na busca da extinção da desigualdade social existente entre o trabalho e o capital[48].

A importância deste princípio se perdura na necessidade de proporcionar ao trabalhador uma compensação por meio de interpretação, normas, ou condição, mais favorável ao obreiro, frente à superioridade econômica do empregador, o que acarreta em sua superioridade jurídica[49].

Ackerman[50] demonstra a necessidade de aplicação deste princípio nas relações desiguais entre trabalhadores e empregadores, ao aduzir que o direito do trabalho deve ser visto como um sistema de norma oriundas do Estado e completado com o fruto da autonomia coletiva, por reconhecer a falta de liberdade de quem é contratado, em razão de sua necessidade econômica e a partir deste reconhecimento o direito do trabalho emprega um conjunto de regras a fim de colocar limites tanto no exercício da posição de supremacia do empregador como na entrega de liberdade por parte do trabalhador.

Este princípio protege o trabalhador com o intuito de corrigir, no plano jurídico, o desequilíbrio das partes envolvidas nas relações de trabalho, não

---

(46) ACKERMAN, Mario. Ob. cit., p. 310 (tradução livre).
(47) Na dúvida, a favor do empregado.
(48) MARTINS, Sergio Pinto. *Direito do trabalho*. São Paulo: Atlas, 2011. p. 70.
(49) *Idem*, p. 71.
(50) ACKERMAN, Mario. Ob. cit., p. 320 (tradução livre).

se desdobrando em apenas três outros princípios, mas abrangendo a grande gama de princípios especiais da seara trabalhista[51].

No entanto, o incremento do crescimento democrático, a crescente globalização e liberalização da economia, o estímulo à participação dos grupos sociais ampliou-se e ganhou força, privilegiando a autocomposição como forma de solução dos conflitos trabalhistas, atenuando, gradativamente, a ideia imperativa da necessidade de proteção, em face à desigualdade de condições dos sujeitos da relação trabalhista, conforme entendimento de Süssekind[52]:

> Hoje em dia, porém, o Direito do Trabalho já não visa ao operário, como ente mais fraco na vida em sociedade, nem tem a finalidade econômica da legislação de *Bismarck*. Ele se situa em plano imensamente mais elevado, com o grande objetivo de solucionar o problema. A proteção e a tutela do trabalho não são mais do que um conjunto de normas jurídicas que asseguram ao trabalhador uma posição, frente ao empregador, em que possa defender seus direitos e interesses num mesmo plano, sem complexos ou recalques; a legislação sindical, por seu lado, a nada mais visa senão a assegurar aos grupos econômicos ou profissionais os meios para, mediante entendimento, pôr termo a conflitos entre o capital e o trabalho.

Não há dúvida de que, apesar da singela evolução da autonomia das partes, que cada vez dependem menos de normas protecionistas e ditames estatais que permeiam sua relação, ainda não dispensam uma intervenção básica do Estado, a fim de prescrever regras mínimas de proteção, dirimir alguns conflitos, privilegiando a importância da manutenção da dignidade do indivíduo no âmbito do trabalho[53].

Outro princípio extremamente utilizado na esfera trabalhista é o princípio da primazia da realidade, que também pode ser considerado um desmembramento do princípio do protecionismo, consistindo em estabelecer que a verdade real prevalece sobre a verdade formal ou em relação aos documentos.

De acordo com este princípio, na ocorrência da discordância entre o que ocorre na prática e o que emerge de documentos ou acordos, prevalece o primeiro, ou seja, o que sucede no terreno dos fatos[54].

---

(51) DELGADO, Mauricio Godinho. *Curso de direito do trabalho*. São Paulo: LTr, 2011. p. 199.
(52) SÜSSEKIND, Arnaldo. *Instituições do direito do trabalho*. Vol. 1, São Paulo: LTr, 2000. p. 1.707.
(53) RUFINO, Regina Celia Pezzuto. Ob. cit., p. 30.
(54) RODRIGUEZ, Américo Plá. *Princípios de direito do trabalho*. Tradução de Wagner Giglio. São Paulo: LTr, 1997. p. 41.

A desigualdade das partes proporciona uma vantagem ao empregador, o qual, muitas vezes, forja situações destoantes da realidade jurídica dos sujeitos envolvido, forçando o trabalhador a assinar documentos ou até mesmo aceitar ocorrências que o prejudicam, em troca da manutenção do trabalho, já que este é a única ferramenta que o obreiro possui para garantir seu sustento ou se interar na sociedade, por meio do exercício da cidadania oriundo do exercício do trabalho.

A aplicação deste princípio leva à prevalência da realidade do que ocorre no terreno dos fatos, mesmo que os registros estejam em desacordo com os fatos, como, por exemplo, um estagiário na área de direito que realiza atividades incompatíveis com a área jurídica, configurando o vínculo empregatício, com base na verdade real[55].

A prevalência deste princípio faz com que o intérprete se pronuncie sobre o caso concreto, retirando esta roupagem e atribuindo-lhe o enquadramento adequado, nos moldes traçados pelos arts. 2º e 3º da CLT[56].

Plá Rodriguez[57] entende que o princípio da primazia da realidade deve ser analisado sob duas vertentes: a primeira resulta do princípio da boa-fé, vez que a realidade sempre reflete a verdade, e a segunda, a dignidade da pessoa humana — que será abordada mais adiante — ao considerar que o principal objeto do contrato de trabalho é a prestação da atividade humana, que, em certo grau, participa da dignidade procedente da natureza humana, devendo primar sobre um elemento puramente intelectual e especulativo, não se tratando de deduzir consequências em um plano documental ou formal, e sim, regular fatos que se produzem na realidade.

Há ainda o princípio da irrenunciabilidade dos direitos trabalhistas, o qual anula qualquer renúncia por parte do trabalhador, tendo em vista o caráter alimentar das verbas trabalhistas que restringe a disponibilidade de tais direitos, bem como o princípio da continuidade da relação de trabalho, que considera o contrato por prazo indeterminado a regra, e os contratos por prazo determinado, a exceção, vedando a sucessão destes, com intuito de preservar o contrato de trabalho e, por consequência, o aperfeiçoamento do trabalhador[58].

Os outros dois princípios de natureza trabalhista se relacionam ao salário, que é a contraprestação pelo serviço prestado, logo, a principal obrigação do empregador, originando o princípio da irredutibilidade salarial, segundo o inciso VI do art. 7º da CRFB, que preleciona que é um direito fundamental do

---

(55) BASILE, César Reinaldo Offa. *Direito do trabalho*. São Paulo: Saraiva, 2008. p. 31.
(56) BARROS, Alice Monteiro. *A mulher e o direito do trabalho*. São Paulo: LTr, 1998. p. 170.
(57) RODRIGUEZ, Américo Plá. Ob. cit., p. 24.
(58) BASILE, César Reinaldo Offa. Ob. cit., p. 28.

trabalhador a irredutibilidade salarial, salvo negociação coletiva e o princípio da isonomia salarial previstos nos arts. 5º, I, e 7º, XXX, respectivamente da Constituição Federal:

> Art. 5º
>
> (...)
>
> I — homens e mulheres são iguais em direitos e obrigações, nos termos desta Constituição;
>
> (...)
>
> Art. 7º São direitos dos trabalhadores urbanos e rurais, além de outros que visem à melhoria de sua condição social:
>
> (...)
>
> XXX — proibição de diferença de salários, de exercício de funções e de critério de admissão por motivo de sexo, idade, cor ou estado civil;

Há uma dificuldade em apontar precisamente um significado para o princípio da igualdade, em face de sua indeterminação, sendo necessário, que "se especifique com que entes estamos tratando e com relação a quê são iguais, ou seja, é preciso responder a duas perguntas: a) igualdade entre *quem*?; e b) igualdade *em quê*?"[59].

É possível encontrar posições extremadas do conceito de igualdade. Enquanto os nominalistas defendem que a igualdade não passaria de um simples nome, sem cunho significativo no mundo real, os idealistas adotam a corrente de que há um igualistarismo absoluto entre os indivíduos. E, numa visão realista, os homens são desiguais sob inúmeros aspectos, porém, são desigualdades fenomênicas, ou seja, naturais, físicas, morais, políticas e sociais, entre outras[60].

Para Martinez Vivot[61], este princípio demonstra a necessidade de encontrar a igualdade de tratamento com uma política sem discriminação, não se podendo duvidar que esse propósito é um dos objetivos primários do salário, em que mais notoriamente se verifica as diferenças.

Em uma relação na qual predomina a desigualdade de condições das partes, faz-se necessária a aplicação de condições desiguais, com uma proteção especial ao trabalhador, aplicando-se, assim, o princípio da isonomia.

---

(59) BOBBIO, Norberto. Ob. cit., p. 37.
(60) SILVA, José Afonso. Ob. cit., p. 32.
(61) VIVOT, Martinez. *La discriminacion laboral* — despido discriminatório. Buenos Aires: Ciudad Argentina — Universidad Del Salvador, 2000. p. 126-127 (tradução livre).

O princípio da igualdade é muito amplo não se resumindo apenas na igualdade salarial, aplicando-se, sobretudo, a não discriminação em todos os ângulos, como destaca Vivot[62]:

> (...) Essa menção de igualdade é ampla e compreende distintas situações entre a que marcamos como a mais requerida inicialmente, a igualdade salarial, que já expusemos. Mas não se despreze a intenção de incorporar nas relações laborais ações que assegurem a dignidade do ser humano, estabelecer instrumentos jurídicos sociais que lhes assegurem tal expectativa, não somente nas condições de trabalho, mas também o próprio acesso às atividades, em seu egresso, como a orientação e formação profissional. Importa uma garantia que necessita da boa fé em sua execução, na qual se exclua toda possível discriminação fundada em razões de raça, cor, religião, sexo, nacionalidade, estado civil, ideologia, posição política ou gremial, características pessoais[63].

Outros princípios, os quais não são peculiares das relações trabalhistas, mas igualmente a elas se aplicam, merecem destaque, uma vez que, muitos deles, servem de embasamento para uma aplicação uniforme na busca da justiça social.

O princípio do solidarismo ou solidariedade, sendo um objetivo fundamental do Brasil, enseja a necessidade não só do Estado, mas também de cada cidadão, não agir somente com seus anseios individuais, mas de forma mais ampla, focando o interesse social, a fim de trazer resultados positivos para toda a sociedade.

Este princípio, consubstanciado pela Constituição Federal, se espraia por todo ordenamento jurídico a partir da Magna Carta, ensejando unidade de sentido e auferindo a valoração na ordem normativa constitucional[64].

O princípio da boa-fé contratual, tão comentado após o advento do Código Civil de 2002, é uma orientação que também se aplica aos contratos de trabalho, consistindo no adimplemento das obrigações assumidas pelas partes.

---

(62) VIVOT, Martinez. *La discriminacion laboral* — despido discriminatório. Buenos Aires: Ciudad Argentina — Universidad Del Salvador, 2000. p. 127 (tradução livre).

(63) Esta mención de la igualdad es amplia y comprensiva de distintas situaciones, entre la que marcamos como la más requerida inicialmente, la igualdad salarial, que ya hemos expostos. Pero no va en zaga, en la intención de incorporar a las relaciones laborales precisiones que asguren la dignidad del ser humana, establecer instrumentos jurídicos sociales que les aseguren tal expectativa, no solo em las condiciones de trabajo, sino en el próprio acceso a la actividad, em su egreso, como la orientación y formación profesional. Importa una garantia, que necesita de la buena fé em su ejecucion, donde se excluya toda posible discriminación, fundada em razones de raza, color, religión, sexo, nacionalidad, estado civil, ideologia, posición política o gremial, caracteres personales.

(64) BONAVIDES, Paulo. Ob. cit., p. 32.

O contrato de trabalho enseja direitos e obrigações de reciprocidade entre trabalhador e empregador, e se um dos sujeitos não adimple suas obrigações de forma dolosa e maliciosa, rompe a harmonia contratual que mantém a paz entre as partes[65].

O princípio da razoabilidade consiste na interpretação sensata de determinadas situações, na aplicação de ponderação no momento da interpretação ou da aplicação do direito.

A ordem jurídica se constrói sobre os alicerces da razão e da justiça, partindo da ideia de que o homem aja razoavelmente, com bom senso. Este princípio deve ser observado naquelas situações em que a lei não pode ser aplicada de forma muito rígida, dadas as circunstâncias que podem surgir no caso objeto de apreciação, conforme entendimento de Suzana Toledo de Barros[66].

A aplicação deste princípio presume a observância da qualidade do razoável, que é definido como regulado, o justo, o conforme à razão[67].

Delgado[68] disserta sobre o princípio da proporcionalidade como *mandado de ponderação,* o qual atua em todas as "relações de poder, como diretriz fixadora de limitações ao exercício desse poder e suas prerrogativas".

Os princípios da razoabilidade e da proporcionalidade possuem distinções, caracterizando o primeiro uma orientação para o não excesso da aplicação da lei ou de qualquer ato e implicando o segundo uma compatibilidade entre a finalidade da norma e os meios por ela enunciados para sua consecução.

Conforme já explanado, o art. 1º, inciso III, da CRFB trata do princípio fundamental da dignidade humana, ou seja, um fundamento da ordem jurídica constitucional, devendo ser respeitada nas relações entre os indivíduos e entre estes e o Estado, procurando a aplicação de seu conceito jurídico nas relações interpessoais, não usando os homem como meio e sim como fim.

Segundo Günter Düring[69], a dignidade da pessoa humana consiste no fato de que "cada ser humano é humano por força de seu espírito, que o distingue da natureza impessoal e que o capacita para, com base em sua própria decisão, tornar-se consciente de si mesmo, de autodeterminar a sua conduta, bem como de formatar a sua existência e o meio que o circunda".

---

(65) MARTINS, Sérgio. Ob. cit., p. 73.
(66) *Apud* BARROS, Alice Monteiro. Ob. cit., p. 174.
(67) RODRIGUEZ, Américo Plá. Ob. cit., p. 25.
(68) DELGADO, Mauricio Godinho. Ob. cit., p. 200.
(69) *Apud* SARLET, Ingo Wolfgang. Ob. cit., p. 114.

A dignidade é um valor supremo que atrai o conteúdo de todos os direitos fundamentais. É um princípio que norteia e unifica todos os direitos fundamentais, pois, conforme observa Canotilho, o princípio da dignidade humana obriga a uma densificação valorativa que tenha em conta seu amplo sentido normativo-constitucional, não se limitando a uma ideia apriorística do homem, não podendo reduzir-se o sentido da dignidade humana à defesa dos direitos pessoais tradicionais, esquecendo-a nos casos de direitos sociais, ou invocá-la para construir "teoria do núcleo da personalidade" individual, ignorando-a quando se trate de direitos econômicos sociais e culturais[70].

Para Sarlet:

> O princípio da dignidade humana constitui uma categoria axiológica aberta, sendo inadequado conceituá-lo de maneira fixista, sobretudo quando se verifica que uma definição desta natureza não harmoniza com o pluralismo e a diversidade de valores que se manifestam nas sociedades democráticas contemporâneas[71].

Se não houver respeito pela vida e pela integridade física do ser humano, sem assegurar as condições mínimas para uma existência digna, nas quais a intimidade e identidade do indivíduo são objeto de ingerências indevidas, sem a garantia da igualdade, bem como onde não há limitação do poder, não haverá espaço para a dignidade da pessoa humana, e esta não passará de mero objeto de abusos e injustiças. A concepção do homem-objeto, como visto, constitui justamente a antítese da noção da dignidade da pessoa humana[72].

A dignidade da pessoa humana, de acordo com Sarlet[73], é uma qualidade intrínseca da pessoa humana, já que é irrenunciável e inalienável, sendo o elemento que qualifica o ser humano como tal e dele não podendo ser destacado. Advém daí a exigência de seu reconhecimento, respeito, promoção e proteção, não podendo, assim, ser criada, concedida ou retirada, já que existe em cada ser humano como algo que lhe é inerente.

Alexandre de Moraes[74] afirma que a dignidade da pessoa humana concede unidade aos direitos e garantias fundamentais, uma vez que se fazem próprias às personalidades humanas. A dignidade é um valor espiritual e moral inerente à pessoa, que se manifesta singularmente na autodeterminação consciente e responsável da própria vida e traz consigo a pretensão ao respeito por parte das demais pessoas, constituindo-se um mínimo in-

---

(70) SILVA, José Afonso da. Ob. cit., p. 40.
(71) SARLET, Ingo Wolfgang. Ob. cit., p. 117.
(72) *Idem*, p. 119.
(73) *Ibidem*, p. 120.
(74) MORAES, Alexandre de. *Curso de direito constitucional*. São Paulo: Atlas, 2010. p. 59.

vulnerável que todo estatuto jurídico deve assegurar, de modo que somente excepcionalmente possam ser feitas limitações ao exercício dos direitos fundamentais.

O princípio da dignidade humana aplica-se a várias situações. Os controles pessoais no emprego, por exemplo, devem ser feitos respeitando-se a dignidade de quem a eles se submeter; as opiniões políticas, sindicais e religiosas devem ser respeitadas, vedando-se ainda a discriminação em função de sexo, cor, idade, estado civil, orientação sexual, entre outros[75].

O princípio da dignidade da pessoa humana, consagrado pela Carta Magna, de acordo com Moraes[76]:

> (...) apresenta-se em uma dupla concepção. Primeiramente, prevê um direito individual protetivo, seja em relação ao próprio Estado, seja em relação aos demais indivíduos. Em segundo lugar, estabelece verdadeiro dever fundamental de tratamento igualitário dos próprios semelhantes. Esse dever configura-se pela exigência do indivíduo respeitar a dignidade de seu semelhante tal qual a Constituição Federal exige que lhe respeitem a própria.

A realização prática do valor supremo da dignidade da pessoa humana, cumpre, em consequência, atribuir máxima eficácia jurídica aos seus preceitos[77].

Desta forma, a aplicação destes princípios é primordial para uma relação harmoniosa entre os sujeitos do contrato de trabalho, sobretudo em virtude do valor dos princípios no ordenamento que, segundo Bonavides[78]: "é a pedra de toque ou o critério com que se aferem os conteúdos constitucionais em sua dimensão normativa mais elevada".

Estes princípios inspiram o cumprimento da obrigação contratual, por parte do patrão, o dever de respeitar a personalidade moral do trabalhador, mesmo diante do poder diretivo, que, muitas vezes, tolhe ou oculta a oportunidade do oprimido fazer valer seus direitos[79].

1.3.2. *Contrato de trabalho como fonte de obrigação*

O contrato de trabalho possui características elementares e peculiares, como a prestação de serviços personalíssima, não eventual, mediante remu-

---

(75) BARROS, Alice Monteiro. Ob. cit., p. 171.
(76) MORAES, Alexandre de. Ob. cit., p. 60-61.
(77) SARLET, Ingo Wolfgang. Ob. cit., p. 124.
(78) Ob. cit., p. 125.
(79) RUFINO, Regina Célia Pezzuto. Ob. cit., p. 31.

neração e está sujeito ao poder de direção do empregador, o que se denomina subordinação.

A subordinação é o elemento tipificador deste contrato, pois, apesar da natureza privada, o Estado intervém, estabelecendo normas imperativas e tutelares sobre as condições mínimas de trabalho, face à condição econômica do empregador[80].

A avença trabalhista é de caráter sinalagmático, devendo nortear diversos princípios, especialmente a boa-fé que norteia toda e qualquer modalidade de contratação, e o da dignidade da pessoa humana, além do protecionismo que encoberta todos os demais princípios trabalhistas.

Delgado[81] entende pela existência de outro princípio, o qual emana do princípio geral do direito, que é o princípio da inalterabilidade contratual lesiva, pois, de acordo com este princípio, em sua matriz civilista, as avenças firmadas pelas partes não podem ser alteradas unilateralmente no curso do prazo de sua vigência, tampouco em prejuízo do trabalhador.

Assim, os sujeitos do contrato de trabalho podem estabelecer diversas condições de trabalho no contrato, contudo, estas condições devem estar em consonância com a tutela mínima imposta pela lei e jamais pode ser alterada em prejuízo do trabalhador, nos moldes dispostos no art. 468 da CLT[82].

O objeto do contrato de trabalho estipulado nos moldes legais, obriga as partes, bem como todas as condições estipuladas neste instrumento jurídico, entretanto, o respeito à dignidade de ambos os sujeitos, especialmente dos bens jurídicos personalíssimos do trabalhador, também insere as obrigações contratuais contraídas pelas partes.

O trabalhador possui como característica principal a dependência[83] perante o empregador, o que o coloca numa condição desfavorável em relação àquele, porém, a subordinação do trabalhador se limita ao exercício de suas atividades, jamais, à sua condição íntima e pessoal, e é exatamente neste prisma que em alguns casos, o empregador extrapola seu poder, expondo o trabalhador à uma dependência suplementar, atingindo a esfera íntima do empregado.

O Estado defere ao cidadão, em alguns casos, a defesa pessoal de seus interesses, uma vez que nem sempre consegue resguardar o direito individual. No âmbito da relação trabalhista, a lei defere ao empregador o

---

(80) RUFINO, Regina Célia Pezzuto. Ob. cit., p. 32.
(81) Ob. cit., p. 201.
(82) Nos contratos individuais de trabalho só é lícita a alteração das respectivas condições, por mútuo consentimento, e, ainda assim, desde que não resultem, direta ou indiretamente, prejuízos ao empregado, sob pena de nulidade da cláusula infringente desta garantia.
(83) A subordinação pode ser jurídica, hierárquica, técnica e econômica.

direito de punir seus empregados, em virtude dos atos faltosos por estes praticados durante a vigência do contrato[84].

Esta punição não deve ser exagerada, devendo ser aplicado o princípio da proporcionalidade, vez que, muito embora o trabalhador se obrigue a trabalhar de forma subordinada, o avanço da linha divisória entre a subordinação das atividades dele e de sua vida pessoal configura um abuso de poder por parte do empregador, o qual deve se ater aos limites norteadores dos poderes que possui.

1.3.3. Os poderes do empregador e o abuso de poder

O empregador possui direitos e obrigações, e dentro destes direitos se inserem diversos tipos de poder.

O *exercício* do poder consiste na relação permeada pelo código, a qual engendra necessariamente práticas *ideológicas* que estão na base de todo princípio de autoridade e da distinção mesma entre autoridade e poder, em termos de poder legítimo e ilegítimo[85].

Se uma pessoa possui qualquer tipo de poder e exacerba seus direitos por meio de práticas desenfreadas e abusivas, acaba infringindo direitos básicos de outrem, cabendo ao ordenamento jurídico impor as limitações dos comportamentos humanos, para resguardar os direitos de todos de forma equilibrada, visando sempre o bem comum[86].

O contrato de trabalho, que é aquele desempenhado em condição de subordinação jurídica do trabalhador em relação a seu empregador, é o que exige maiores preocupações e proteções legais, pois é por meio deste instrumento que o trabalhador se sujeita às ordens do empregador, que dispõe de sua força de trabalho em prol de seus objetivos empresariais[87].

A legislação trabalhista brasileira atribuiu unicamente ao empregador os riscos de sua atividade econômica, conforme exposto no art. 2º da CLT[88]. A ele se conferem, igualmente, um conjunto de poderes, destinados essencialmente a disciplinar as condutas operacionais da atividade empresarial, a fim de promover o atingimento dos propósitos econômicos a que o empreendimento se encontra dirigido[89].

---

(84) RUFINO, Regina Célia Pezzuto. Ob. cit., p. 30.
(85) SANTOS, Maria Celeste C. Leite. *Poder jurídico e violência simbólica*. São Paulo: Cultural Paulista, 1985. p. 45.
(86) RUFINO, Regina Célia Pezzuto. Ob. cit., p. 31.
(87) NASCIMENTO, Amauri Mascaro do. Ob. cit., p. 51.
(88) Considera-se empregador a empresa, individual ou coletiva, que, assumindo os riscos da atividade econômica, admite, assalaria e dirige a prestação pessoal de serviço.
(89) MARTINS, Sérgio Pinto. Ob. cit., p. 42.

Os poderes do empregador, considerados legítimos, são o diretivo, o regulamentar, o fiscalizatório e o disciplinar, os quais são conceituados, outrossim, como o "conjunto de prerrogativas com respeito à direção, regulamentação, fiscalização e disciplinamento da economia interna à empresa e correspondente prestação de serviços"[90].

O poder de direção (também chamado de organizativo) é a faculdade atribuída ao empregador de determinar o modo como a atividade do empregado, em decorrência do contrato de trabalho, deve ser exercida[91].

Para Delgado[92], este poder se concentra na figura do empregador, em virtude do controle jurídico que o empregador possui sobre o conjunto da estrutura empresarial e em face do princípio de assunção dos riscos do empreendimento que sobre ele recai.

O titular deste poder é o empregador ou seus prepostos, quando aquele delega parte deste poder, e a intensidade dependerá da natureza jurídica da relação de emprego. Quanto à natureza jurídica, se classifica como direito potestativo — em que uma pessoa pode criar uma relação jurídica, modificá-la ou extingui-la unilateralmente — ou como direito função — que é a imposição do exercício de uma função prevista pela lei[93]. O poder regulamentar se refere à criação das normas emandas do regulamento da empresa. Muito embora a lei brasileira não tenha mencionado expressamente sobre o regulamento criado pelo empregador, ao introduzi-lo, criando regras internas que devem ser respeitadas pelo trabalhador, o empregador se auto-obriga, vez que o regulamento, "longe de se constituir um instrumento policialesco, trata-se de um instrumento que assegura as obrigações ao dador de trabalho."[94]

O poder fiscalizatório — ou poder de controle — consiste no conjunto de prerrogativas destinadas a propiciar o acompanhamento da prestação laboral e a própria vigilância efetivada ao longo do espaço interno da empresa. Caracteriza-se pelos atos de revistas, prestações de contas, controle de horário e outros[95].

O poder disciplinar do empregador é legítimo, autorizado pelo Estado, o qual norteia o caminho deste exercício com formas descritas e imposições de sanções socialmente aprovadas[96].

---

(90) DELGADO, Mauricio Godinho. Ob. cit., p. 152.
(91) NASCIMENTO, Amauri Mascaro do. Ob. cit., p. 51.
(92) DELGADO, Mauricio Godinho. Ob. cit., p. 152.
(93) BARROS, Alice Monteiro de. Ob. cit., p. 41.
(94) *Idem*, p. 41.
(95) DELGADO, Mauricio Godinho. Ob. cit., p. 153.
(96) RUFINO, Regina Célia Pezzuto. Ob. cit., p. 32.

Sendo o poder disciplinar do empregador uma delegação do Estado, a fim de possibilitar-lhe o exercício de sua atividade econômico-empresarial, sua atuação pode muitas vezes extrapolar e atingir os direitos personalíssimos do trabalhador, haja vista a prática de atitudes arbitrárias, abusivas ou ilegais do empregador[97].

Percebe-se claramente uma preocupação de tantos quantos do assunto se ocuparam em relação ao hipossuficiente. E isso vem sendo direcionado pelo poder de comando dado pelo empregador, com maiores possibilidades de ser tentado ao cometimento de arbítrio[98].

Quando o direito de comando é usado irregularmente é que se instala o abuso do poder[99] por parte do patrão, que, ao exercer seu direito de autoridade, acaba violando direitos sociais, individuais e fundamentais da pessoa do trabalhador[100].

Não há que olvidar da obrigação contratual do empregador, a qual não se restringe em respeitar os direitos trabalhistas dispostos no diploma celetista, mas também respeitar a personalidade moral de seu empregado e os direitos relativos à sua dignidade, cuja violação implicaria o desrespeito dos ditames contratuais e das leis trabalhistas, ensejando o direito do trabalhador à indenização correspondente, além da legitimação ao direito obreiro de resistência, que se consuma com a recusa ao cumprimento de ordens ilícitas.

Estas normas protetoras criam uma fronteira ao exercício das funções diretivas e fiscalizatórias e de controle do empregador, colocando na franca ilegalidade medidas que vêm infringir ou cercear a liberdade e a dignidade do trabalhador[101].

As leis de alguns países estrangeiros estabelecem firme contingenciamento ao exercício dos poderes do empregador em benefício da proteção à liberdade e dignidade básicas da pessoa do trabalhador. A ordem jurídica brasileira não possui propriamente preceitos tão claros de limitação dos poderes do empregador, contudo, tem *regras e princípios gerais* capazes de orientar o operador jurídico em face de certas situações concretas[102].

Muito embora os princípios protetores ao trabalhador tenham sido criados pelo Estado, sua ação faz-se *a posteriori*, no momento em que

---

(97) OLIVEIRA, Francisco Antonio. Gênesis. *Revista de Direito do Trabalho*. Curitiba: Genesis Editora, agosto/97, p.31.
(98) *Idem*, p. 31.
(99) É o excesso de exercício de um direito, capaz de causar dano a outrem (NUNES, Rizzato. *Curso de direito do consumidor*. São Paulo: Saraiva, 2004. p. 508).
(100) RUFINO, Regina Célia Pezzuto. Ob. cit., p. 32.
(101) DELGADO, Mauricio Godinho. Ob. cit., p. 154.
(102) *Idem*, p. 154.

julga a demanda resultante do abuso do exercício do poder por parte do empregador[103].

Muitas vezes o empregador confunde o abuso dos poderes que possui com o exercício do direito de propriedade, embasado no inciso XXII[104] do art. 5º da CRFB, esquecendo-se da função social da propriedade, conforme disposto no inciso XXIII[105] do mesmo dispositivo, que impõe a finalidade coletiva e social deste direito. Outrossim, de acordo com art. 421[106] do Código Civil, o contrato (de trabalho ou não) também deve atender à função social, visando o bem dos trabalhadores e seus efeitos na sociedade, sob o prisma dos princípios da probidade e da boa-fé, sendo injustificável a prática do abuso no poder diretivo e disciplinar por parte dos empresários.

O empregador também tem que ter respeitado seu direito fundamental de propriedade e o exercício dos poderes citados, todavia, apesar destas prerrogativas, seu exercício não é ilimitado, sobretudo em virtude de que a concorrência comercial e o avanço tecnológico, que aumentam os índices de desemprego, vêm acarretando reflexos negativos ao trabalhador, o qual se submete aos poderes do empregador, muitas vezes abusivo e ilimitado, pressionando o trabalhador a metas insuportáveis desrespeitando, sobretudo direitos fundamentais do empregado.

É a limitação do poder do empregador que desobriga os trabalhadores a acatarem ordens que envolvam condutas ilegais ou alheias à relação de emprego, especialmente condutas que violam a vida privada do trabalhador, seus costumes, suas ideias, sua orientação sexual e suas opiniões fora do campo de incidência do poder diretivo do empregador, bem como suas crenças religiosas e convicções políticas, que se deduz do art. 5º, inciso X, da CRFB, quando considera invioláveis a intimidade, assim como dos incisos IV, VI, VIII, XVII da Carta Magna, que garantem a liberdade de pensamento, de crença religiosa, de convicção filosófica ou política e de associação para fins lícitos[107].

A função social da empresa se torna completa quando fornece condições econômicas para seus trabalhadores se sustentarem, além de proporcionar maior qualidade de vida, visando, sobretudo, o lado mental e psicológico do trabalhador, além de não descuidar de sua maior responsabilidade, que é a

---

(103) RUFINO, Regina Célia Pezzuto. Ob. cit., p. 31.
(104) XXII: "é garantido o direito de propriedade".
(105) XXIII: "a propriedade atenderá a sua função social".
(106) Art. 421: "A liberdade de contratar será exercida em razão e nos limites da função social do contrato".
(107) DELGADO, Mauricio Godinho. Ob. cit., p. 156.

de auxiliar na inserção de seus subordinados na sociedade em que vive e permitir o livre exercício de cidadania[108].

É certo que nem todas as empresas cumprem a finalidade social do contrato, ultrapassando abusivamente os limites do poder diretivo, disciplinar e fiscalizatório, de forma a afetar o comportamento do trabalhador dentro e fora da empresa, o que acarreta diversos danos para a sociedade em que vive.

O cumprimento da função social do contrato de trabalho destina-se não só às necessidades primárias do trabalhador e sua família, para tornar-se o lugar de afirmação do *status social*, já que o trabalhador é convidado a vestir a camisa da empresa e defender seu posto de trabalho da concorrência, por meio de estímulos que levam o trabalhador à busca da satisfação das necessidades de segurança, reconhecimento e afirmação, que variam segundo o equilíbrio individual e a dinâmica do grupo ao qual pertence[109].

Verifica-se, pois, que o trabalho sofreu longas e sensíveis transformações, deixando de ser objeto de desprezo social para ser considerado num dos principais pilares que sustentam o Estado, não mais suportando que o trabalhador não seja valorizado como ser repleto de direitos humanos, os quais, se desrespeitados de forma reiterada, ensejam a prática do assédio moral.

---

(108) RUFINO, Regina Célia Pezzuto. Ob. cit., p. 33.
(109) NASSIF, Elaine. *Burnout, mobbing* e outros males do stress: aspectos jurídicos e psicológicos. *Revista LTr.* 70-06. São Paulo, 2006, p. 37.

Capítulo II

Assédio moral nas relações trabalhistas

O assédio moral é um fato social que ocorre em diversas áreas, expressando-se na maneira de importunar ou efetuar propostas, geralmente de forma indireta, cercando a vítima, a ponto de deixá-la seduzida e conduzi-la a agir de forma diversa daquela como teria agido espontaneamente[110].

2.1. CONCEITO E PECULIARIDADES

Também chamado *mobbing*, é muito difícil de ser conceituado, mas, na tentativa de configurá-lo, Diaz[111] expressa a definição de Lorenz como "el ataque de uma coalición de miembros débiles de uma misma espécie contra un indivíduo más fuerte". Atualmente é conhecido em vários países pelo termo inglês *bullying*, que remonta à ideia de agressividade.

Dellagrave Neto entende que o *mobbing* é praticado com a finalidade de excluir a vítima do mundo do trabalho, estigmatizando-a, discriminando-a perante os demais, porém o distingue do assédio moral organizacional, que é o que intenciona a sujeição de um grupo de trabalhadores às agressivas políticas mercantilistas da empresa[112].

Existe um liame entre o assédio moral e a usurpação dos direitos da personalidade, da liberdade, da dignidade e do exercício da cidadania, pois as condutas vexatórias que configuram a violência perversa, denominada assédio moral, fatalmente ferirá o princípio maior do cidadão, a dignidade humana, bem como os demais direitos ligados à sua moral[113].

---

(110) RUFINO, Regina Célia Pezzuto. Ob. cit., p. 38.
(111) DIAZ, Viviana L. Acoso Laboral. Su implicância em las relaciones laborales. *Revista Doctrina*, Buenos Aires, 2005, fasc:14 p. 35.
(112) In *Responsabilidade civil no direito do trabalho*. São Paulo: LTr, 2009. p. 271.
(113) RUFINO, Regina Célia Pezzuto. Ob. cit., p. 39.

Hirigoyen[114] entende que o assédio moral é uma invasão psíquica que "retira da vítima sua capacidade de defesa, retira dela todo o senso crítico, eliminando assim qualquer possibilidade de rebelião."

Apesar de inexistir um conceito integralmente satisfatório que traduza a ideia do assédio, em outra obra, exclusiva sobre o assédio moral no trabalho, Hirigoyen[115] afirma que:

> O assédio moral começa frequentemente pela recusa de uma diferença. Ela se manifesta por um comportamento no limite da discriminação — propostas sexistas para desencorajar uma mulher a aceitar uma função tipicamente masculina, brincadeiras grosseiras a respeito de um homossexual... Provavelmente, da discriminação chegou-se ao assédio moral, mais sutil e menos identificável, a fim de não correr o risco de receber uma sanção. Quando a recusa se origina de um grupo, para ele é difícil aceitar alguém que pensa ou age de forma diferente ou que tem espírito crítico.

Na busca de uma definição mais concreta e configuração da existência do assédio moral, o Tribunal Administrativo da OIT, interpretando o art. 13.10 do Regramento Pessoal da OIT, entendeu que:

> (...) para qualificar como hostil o comportamento analisado devia ser valorizado objetivamente, digo, deixando de lado a análise subjetiva que pode fazer o acusado ou a avaliação de quais foram suas intenções. Agregou que o exame devia contemplar somente se a conduta questionada podia, em todas as circunstâncias, ser razoavelmente considerada como hostilização[116].

Em síntese, o entendimento do tribunal aduz que a qualificação das condutas do assédio moral dependem de uma valoração que seja realizada com independência das circunstâncias, podendo ocorrer ações que violam a norma individual, reiterada e simultâneamente, e sem a necessidade de se comprovar a intenção de causar dano à vítima[117].

O assédio moral se exterioriza por meio de "um sentimento de ser ofendido(a), menosprezado(a), rebaixado(a), inferiorizado(a), submetido(a), vexado(a), constrangido(a) e ultrajado(a) pelo outro(a). É sentir-se um ninguém, sem valor, inútil. Magoado(a), revoltado(a), perturbado(a), mortificado(a),

---

(114) HIRIGOYEN, Marie-France. *Assédio moral:* a violência perversa do cotidiano. Tradução de Maria Helena Kuhner. 5. ed. Rio de Janeiro: Bertrand Brasil, 2002. p. 108.
(115) *Idem*, p. 37.
(116) BARBADO, Patricia B. El acoso psicológico en el ámbito laboral de la Organización Internacional del Trabajo. *Revista de Derecho Laboral y Seguridad Social*, Buenos Aires, 2005, fasc:19, p. 1.556.
(117) *Idem*, p. 1.556.

traído(a), envergonhado(a), indignado(a) e com raiva. A humilhação causa dor, tristeza e sofrimento"[118].

Pode se configurar através da prática de condutas, palavras, comportamentos de natureza vexatória, constrangedora, de forma sucessiva e 'prolongada, objetivando o agressor humilhar a vítima, de forma perseguidora e aleatória, ultrapassando exacerbadamente os limites do respeito das relações interpessoais, que infringe os direitos fundamentais[119].

Muito embora o assédio moral possa ocorrer em todas as relações interpessoais, é na seara trabalhista que se caracteriza com maior frequência, uma vez que a relação jurídica entre partes desiguais propicia maiores ocorrências de abusos por parte do empregador, desrespeitando a dignidade, os direitos individuais e os sociais (saúde, trabalho e outros) do trabalhador, o qual se vê acuado diante do receio da perda do emprego. Esta é uma das razões pela qual o empregado, vítima do assédio, aceita calado esta prática violenta, sobretudo em virtude da subordinação a que se submete no contrato de trabalho[120].

Este assédio, conhecido também como *bossing*, quando ocorre na relação entre trabalhador e empregador, e segundo Ahuad[121] configura:

> (...) repetição de comportamentos hostis, técnicas de desestabilização e intrigas contra uma pessoa que acarreta uma reação de graves problemas psicológicos mais ou menos duradouros. Trata-se de um processo destrutivo sumamente sutil, que pode levar com o tempo à incapacidade permanente, como assim também à morte da vítima, seja tanto por enfermidades sobrevenientes como a autolesão (há registros de casos de trabalhadores vítimas de assédio que cometeram suicídio ou tentaram o suicídio em pleno lugar de trabalho[122].

Na terminologia anglo-saxônica, o assédio também é chamado de *bossing* ou *bullying*, significando uma estratégia da direção da empresa para com aqueles empregados incômodos, levando-os à demissão[123].

---

(118) Disponível em: <http://www.assediomoral.org>. Acesso em: 25 jun. 2009.
(119) RUFINO, Regina Célia Pezzuto. Ob. cit., p. 42.
(120) *Idem*, p. 40.
(121) *In Revista Doctrina*, Buenos Aires, 2006, fasc:06, p. 109.
(122) "El *mobbing/bossing* se caracteriza por la repetición de comportamientos hostiles, técnicas de desestabilización e intrigas contra una persona que desarrolla, como reacción, graves problemas psicológicos más o menos duraderos. Se trata de un proceso destructivo sumamente sutil, que puede llevar con el tiempo a la discapacidad permanente, como así también a la muerte de la víctima, ya sea tanto por enfermedades sobrevinientes como por autolesión (se han registrado casos de trabajadores víctimas de acoso que cometen suicídio o intento de suicídio en pleno lugar de trabajo". (tradução livre)
(123) GUEDES, Márcia Novaes. *Terror psicológico no trabalho*. São Paulo: LTr, 2003. p. 33.

Hirigoyen[124] afirma que por assédio moral trabalhista temos "que entender toda e qualquer conduta abusiva manifestando-se sobretudo por comportamentos, palavras, atos, gestos, escritos que possam trazer dano à personalidade, à dignidade ou integridade física ou psíquica de uma pessoa, pôr em perigo seu emprego ou degradar o ambiente de trabalho".

A Comissão Europeia adotou a expressão "violência laboral" para definir este fenômeno, por ser constituída e caracterizada por incidentes em " que a pessoa sofre abusos, ameaças ou ataques em circunstâncias no processo de formação do *bossing/mobbing* ou sua manifestação no âmbito das relações trabalhistas — que ponham em perigo, implícita ou explicitamente sua segurança, seu bem-estar e sua saúde"[125].

O assédio é um desrespeito à dignidade e aos direitos individuais e sociais (como saúde, trabalho e outros) do empregado, o qual fica acuado diante da ideia da perda do emprego, tolerando a violação desses direitos. Com isso, dificilmente o trabalhador assume e divulga o fato de ser vítima dessa violência e, sobretudo, fica prejudicada a prova do fenômeno, em razão da subordinação da vítima no contrato de trabalho.

Diaz[126] impõe a existência de três elementos para o reconhecimento do assédio. Inicialmente, a recusa da comunicação direta com a vítima: apesar de falarem dela e sobre ela, o que origina a calúnia, o estigma; posteriormente, o isolamento, negando trabalho à vítima, com intuito de que ela se exclua do meio sócio-laboral; e o terceiro elemento é a destruição, que pode ser considerada o objetivo do assédio moral, variando desde ataques íntimos até físicos.

Ahuad[127] considera o processo do assédio moral um processo circular, entendendo:

> Em geral o assédio moral se manifesta como um fenômeno de tipo circular ou em espiral, segundo uns e outros autores, do qual uma série de comportamentos deliberados por parte do agressor estão destinados a desencadear ansiedade na vítima, que provoca nela atitudes defensivas que são geradoras de novas tensões, até alcançar um ponto no branco do assédio que se transforma numa teia de areia. A

---

(124) HIRIGOYEN, Marie-France. Ob. cit., p. 81.
(125) "los que el personal sufre abusos, amenazas o ataques en circunstancias relacionadas com su trabajo — incluídos los viajes de ida y vuelta a aquél — que pongan em peligro, implícita o explicitamente su seguridad, su bienestar o su salud". (tradução livre) — Sardegna Paula C. Acoso sexual, acoso laboral: las cosas por su nombre. *Revista de Derecho Laboral y Seguridad Social*, Buenos Aires, 2007, fasc:09 p. 39.
(126) DIAZ, Viviana L. Acoso Laboral. Su implicância em las relaciones laborales. *Revista Doctrina*, Buenos Aires, 2005, fasc:14 p. 33.
(127) AHUAD, Ernesto J. Ob. cit., fasc:06 p. 107.

finalidade última do agressor ou assediador consiste em paralisar sua vítima com a obscura intenção que deixaria indefesa, de modo tal que por muito que esta tente compreender o porquê desta ocorrência, não tem ferramentas para fazê-lo e, portanto, sua defesa se torna mais difícil. A vítima somente não se dá conta desta manipulação perversa até que é tarde, e não reaciona da mesma forma que o faria em um processo normal e corrente de agressão laboral[128].

A ocorrência do assédio moral deve ser feita a partir de uma análise do poder, sobretudo poder coercitivo do que consiste no temor das consequências negativas da desobediência; poder de prêmio, relacionado à submissão da vítima às promessas de concessões de benefícios; poder persuasivo, que se baseia na concessão e manipulação de prêmios simbólicos e a capacidade de decisão, de manipulação de informação, de controlar ou influir as normas do grupo; e poder de conhecimento, que possui como pedra fundamental o acesso ao controle de informação necessária para possibilitar a tomada de decisões em grupo e na organização[129].

As condutas que tipificam o assédio moral muitas vezes são tão sutis que podem passar despercebidas, sendo definidas como atos isolados. O maior gravame é que esta sutileza propicia o silêncio das testemunhas, o que proporciona a continuidade do assédio de forma progressiva, aumentando os prejuízos da vítima assediada, que suporta calada por entender que suas reclamações podem ser mal interpretadas e aumentar a prática do assédio. Somado a este problema, a omissão do empregador pode potencializar a existência do assédio, acarretando a indiferença por parte das testemunhas, as quais chegam a perder seus referenciais e deixam de sentir repulsa, passando a tolerar e a banalizar as práticas vexatórias[130].

Entre as condutas humilhantes que caracterizam o assédio moral, as mais peculiares, de acordo com o site www.assediomoral.org.br, são:

- Impedir de se expressar e não explicar o porquê.
- Fragilizar, ridicularizar, inferiorizar, menosprezar em frente aos pares.

---

(128) "Por lo general el acoso moral se manifesta como un fenômeno de tipo circular o en espiral, según unos u otros autores, donde uma serie de comportamientos deliberados por parte del agresor están destinados a desencadenar ansiedad en la víctima, que provoca em ella actitudes defensivas que a su vez son generadoras de nuevas tensiones, hasta alcanzar un punto en el blanco del acoso queda atrapado em uma virtual "tela de araña". La finalidad última del agresor o acosador consiste em paratizar a su víctima con la oscura intención de dejaria indefesa, de modo tal que por mucho que ésta intente comprender por qué ocurre lo que ocurre, no tiene herramientas para hacerlo y, por lo tanto, su defensa se vuelve más dificultuosa. La víctima suele no darse cuenta de esta manipulación perversa hasta que es demasiado tarde, y no reacciona de la misma forma que lo haría en um proceso normal y corriente de agresión laboral". (tradução livre)
(129) AHUAD, Ernesto J. Ob. cit., p. 107.
(130) RUFINO, Regina Celia Pezzuto. Ob. cit., p. 43.

- Culpabilizar/responsabilizar publicamente, podendo os comentários de sua incapacidade invadir, inclusive, o espaço familiar.
- Desestabilizar emocional e profissionalmente. A vítima gradativamente vai perdendo simultaneamente sua autoconfiança e o interesse pelo trabalho.
- Destruir a vítima (desencadeamento ou agravamento de doenças preexistentes). A destruição da vítima engloba vigilância acentuada e constante. A vítima se isola da família e dos amigos, passando muitas vezes a usar drogas, principalmente o álcool.
- Livrar-se das vítimas que são forçadas a pedir demissão ou são demitidas, frequentemente, por insubordinação.
- Impor ao coletivo sua autoridade para aumentar a produtividade.

As condutas que configuram o assédio moral violam a dignidade do trabalhador, entre outros bens jurídicos, e é função precípua do direito do trabalho criar condições protecionistas ao trabalhador, buscando a tutela da dignidade do homem em relação à existência da subordinação perante o empregador, a qual se esbarra no poder diretivo e disciplinar do empregador, o qual muitas vezes é abusivo, configurando a prática do assédio moral[131].

Os programas das médias e grandes empresas, que visam a saúde perfeita do empregado, estão ligados à ideia de qualidade de vida, tão almejada por todos, e é por esta razão que algumas empresas focam na contratação de trabalhadores que possuam corpos e mentes aparentemente saudáveis e com um estilo de vida equilibrado, tranquilo e feliz, apesar de estarem em busca de uma colocação ou de um *status* melhor no mercado de trabalho, o que enseja no desprezo e humilhação daqueles que não se encaixam no padrão moldado[132].

Os excluídos podem iniciar um processo de perda da autoestima com o passar do tempo e com as reiteradas rejeições, o que pode provocar diversos males físicos e doenças psicossomáticas. Tais doenças desencadeiam no organismo diversas formas danosas como, precipuamente, problemas gástricos e úlceras, problemas respiratórios como falta de ar e sensação de sufocamento, problemas nas articulações, dores musculares, na coluna e agressões ao cérebro como pânico, insônia, vertigens e outros[133].

Esta prática discriminatória na contratação, a qual pode ser comparada com a eugenia, é de difícil identificação, sobretudo no meio judicial, em

---

(131) *Idem*, p. 44.
(132) *Idem*, p. 44.
(133) HIRIGOYEN, Marie-France. Ob. cit., p. 82.

virtude do desconhecimento, da falta de divulgação e da ausência de estudos mais aprofundados quanto à origem das doenças causadas pela ansiedade, angústia, e pelo desânimo, que acometem indivíduos desempregados por um lapso temporal prolongado, ou àqueles que, muito embora estejam ocupando uma colocação no mercado de trabalho, buscam outra colocação, por não estarem no cargo merecido de acordo com suas aptidões profissionais[134].

São diversas, as condutas que ensejam a queda da autoestima dos trabalhadores já contratados com intuito de expulsá-los indiretamente do ambiente laboral; no entanto, é imprescindível delimitar o abuso do poder que caracteriza o assédio, da pressão sofrida pelo empregado, que é legítima do poder diretivo do empregador.

A pressão do empregador para que o empregado aprimore sua atividade laboral não pode ser confundida com a prática de assédio, nem tampouco ser identificada como a causa de eventuais doenças que recaiam sobre o empregado, uma vez que, para caracterização do assédio moral, o qual poderá acarretar em prejuízos à saúde do trabalhador, este deverá ter sofrido humilhações, constrangimentos e abusos, que exacerbem o poder de mando do empregador, de forma contínua e reiterada, a ponto de atingir a esfera íntima do empregado, e, somente então, configurar-se-á o assédio com os supostos danos fisiológicos oriundos desta prática[135].

A pressão visa um aumento de produtividade, um estímulo para que o trabalhador ceda todo seu potencial, porém, jamais pode ser feita de forma vexatória; já o assédio visa diminuir o trabalhador, possui um condão vexatório, e prima pela exclusão da vítima do quadro de funcionários.

Por conseguinte, denota-se que o assédio moral se configura com a prática de condutas vexatórias, humilhantes, que visam excluir a vítima do meio ambiente, ou da circulação das pessoas que a rodeiam, não podendo ser confundido também com o assédio sexual.

2.2. DIFERENÇAS ENTRE ASSÉDIO MORAL E ASSÉDIO SEXUAL

O assédio sexual se configura pela conduta de natureza sexual, a qual deve ser repetitiva, sempre repelida pela vítima com a finalidade de constranger a pessoa em sua intimidade e privacidade[136].

Não há que confundir o assédio sexual com assédio moral. Enquanto o primeiro objetiva manter a vítima sob seu domínio, anulando toda sua capacidade de resistência ou oposição, fazendo e cumprindo exatamente

---
(134) RUFINO, Regina Célia Pezzuto. Ob. cit., p. 39.
(135) Idem, p. 39.
(136) NASCIMENTO, Sônia Mascaro. Assédio moral no ambiente do trabalho, 2004. p. 39.

o que determina o opressor, por certo lapso de tempo, o segundo procura apenas dominar e persuadir a vítima sexualmente e pode se caracterizar pela prática de condutas em um único momento[137].

O assédio sexual se tipifica por palavras picantes, indiretas, carícias exacerbadas ou intimidação, ameaças ou represálias, enquanto o moral pode se caracterizar como consequência da recusa da vítima ao primeiro assédio[138].

Sardegna[139] esclarece, que segundo a Organização Internacional de Trabalho, a configuração do assédio sexual está associada a diversos elementos: "um comportamento de caráter sexual, que seja desejado e que a vítima o perceba como um condicionante hostil para seu trabalho, convertendo-o em algo humilhante".

E acrescenta:

> O assédio sexual é uma forma de violência de gênero, interligado com a violência sexual e a violência laboral e institucional. O assédio sexual "fortalece o estereótipo e desequilíbrio cultural do homem produtor (dominante) e da mulher reprodutora (submissa), reduz a mulher a objeto sexual e negando-lhe o direito de atuar em espaços considerados masculinos e, ao mesmo tempo, absolvendo aos homens de uma maior responsabilidade no âmbito da reprodução. Não somente responde a diferenças de poder real senão também ao poder cultural: a maioria das vítimas de assédio sexual são mulheres. Ainda que não se escape que excepcionalmente, podem dar-se circunstâncias inversas[140].

Compartilha deste entendimento Guedes[141], ao afirmar que o assédio sexual recai principalmente sobre as mulheres trabalhadoras, enquanto o assédio moral raramente se interliga exclusivamente ao gênero da vítima. Os fatores que ensejam o *mobbing* podem ser a opção sexual da vítima, inveja do opressor, fatores discriminatórios como idade avançada, origem, credo, complexo de inferioridade e insegurança do opressor, ou seja, são diversos

---

(137) RUFINO, Regina Célia Pezzuto. Ob. cit., p. 65.
(138) *Idem*, p. 66.
(139) Ob. cit. p. 51.
(140) El "acoso sexual" es uma forma de violência de gênero, intersección de la violência sexual y la violência laboral e institucional. El acoso sexual "fortalece el estereotipo y desequilíbrio cultural del 'hombre' productor (dominante) y de la mujer 'reproductora' (sumisa), reduciendo a la mujer a objeto sexual y negándole el derecho de actuar en espacios considerados masculinos y, al mismo tiempo, absolviendo a los hombres de una mayor responsabilidad en el ámbito de la reproducción. No solo responde a diferencias de poder real sino también al poder cultural: la mayoría de las víctimas de acoso sexual son mujeres. Aunque no se nos escapa que, excepcionalmente, pueden darse circunstancias inversas". (tradução livre)
(141) GUEDES, Marcia Novaes. Ob. cit., p. 35.

os fatores que acarretam a prática do assédio moral, enquanto o assédio sexual ocorre sobretudo em face do machismo, que ainda predomina em grande parte da sociedade patriarcal, apesar de uma singela evolução no pensamento da sociedade moderna em relação ao papel da mulher.

Soma-se, ainda, o crescimento do número de mulheres independentes e desacompanhadas, seja por qualquer razão, originando um maior número de convites sedutores, sobretudo dentro das relações laborais, os quais, por muitas vezes, extrapolam os limites do respeito e do apreço, configurando-se como um cerco, uma busca desenfreada, obscena e despudorada por parte do agressor, que vai desde insinuações obscenas até a prática de atos libidinosos forçados[142].

Sardegna[143] configura o assédio sexual ou "acoso sexual", conforme se escreve na língua espanhola, no âmbito de trabalho por uma conduta repetitiva de assédio de natureza sexual que consiste em perseguir um trabalhador com a justificativa respaldada em razões sexuais, perseguição que possui como escopo o trabalho subordinado, situação essa que configura uma discriminação na comunidade laboral para o trabalhador que não aceita o assédio sexual e produz uma transformação nas condições de trabalho, ou até em sua condição de ser humano e trabalhador(a), acarretanto uma restrição na liberdade de eleição.

Outra distinção entre os dois assédios, é que o moral não possui uma previsão legal específica, sobretudo no âmbito das relações privadas trabalhistas, enquanto o assédio sexual é tipificado como crime desde a promulgação da Lei n. 10.224/2001, a qual introduziu o art. 216-A no Código Penal, que aduz: "Constranger alguém com intuito de obter vantagem ou favorecimento sexual, prevalecendo-se o agente da sua condição de superior hierárquico ou ascendência inerentes ao exercício e emprego, cargo ou função". Este crime está apenado com detenção de 1 (um) a 2 (dois) anos[144].

No tocante ao assédio moral, em virtude da ausência de uma lei específica tratando do tema, a jurisprudência trabalhista tem se socorrido de alguns dispositivos legais que tratam da prática da discriminação ou do ato ilícito (art. 186 do Código Civil) que envolve o dano moral (art. 10 da CRFB), o que será aprofundado mais adiante, contudo, sem olvidar da Convenção n. 111 da OIT, a qual foi ratificada pelo Brasil, vigorando em nosso território desde 1º de agosto de 1996, a qual trata de todo tipo de discriminação no emprego, sobretudo sobre a violência contra a mulher[145].

---

(142) *Idem*, p. 36.
(143) Ob. cit., p. 151.
(144) RUFINO, Regina Célia Pezzuto. Ob. cit., p. 102.
(145) *Idem*, p. 103.

Contudo, com o intuito de erradicar o assédio moral das empresas, foi criada a Lei n. 11.948/2009, que veda ao Banco Nacional de Desenvolvimento (BNDS), o qual é uma empresa pública federal, conceder empréstimos à empresas cujos dirigentes sejam condenados pela prática de assédio moral:

> Art. 4º — Fica vedada a concessão ou renovação de quaisquer empréstimos ou financiamentos pelo BNDES a empresas da iniciativa privada cujos dirigentes sejam condenados por assédio moral ou sexual, racismo, trabalho infantil, trabalho escravo ou crime contra o meio ambiente[146].

Na Argentina, foi criada a Lei n. 13.168, de 24 de fevereiro de 2004, pela senadora Elisa Arca, de Buenos Aires, a qual tratava do assédio moral. A citada senadora procurou o CONSELHO de Diana Scialpi, autora do estudo Violência na Administração Pública — Casos e Perspectivas para Pensar Administração Pública Nacional e Local de Trabalho[147].

Já o assédio sexual, segundo Guedes[148], se classifica em três modalidades: I) por intimidação, que ocorre com a incitação sexual inoportuna, ou solicitação desta natureza; II) por chantagem, que ocorre quando a exigência formulada se origina do superior hierárquico, ou alguém que tenha ascendência sobre a vítima; III) ambiental, na qual a importunação é feita entre colegas de trabalho de mesmo nível, muito embora a tipificação penal que disponha que deve ser de superior hierárquico.

Logo, os dois assédios não se confundem; o que acontece, muitas vezes, é que a recusa da vítima ao assédio sexual pode ensejar uma perseguição que acarrete no assédio moral, como tarefas mais complexas para a vítima, ou extrapolação de jornadas à condição desumana, entre outras práticas abusivas por parte do agressor rejeitado.

No entanto, um ponto comum entre o assédio sexual e o assédio moral é a prova do ilícito. Apesar de o Tribunal Administrativo da OIT entender que a prova cabe à vítima do assédio, destacou que devem ser considerados todos os elementos que resultem no exame dos fatos analisados.

Sem dúvida, imputar o ônus da prova à vítima é minimamente temeroso, vez que o trabalhador, na condição de hipossuficiente; não possui os meios de provas necessários para corroborar os fatos ocorridos. Ademais, assim como acontece no assédio sexual, muitas vezes o assédio moral ocorre de forma implícita ou dentro de uma privacidade envolvendo apenas o assediador e a vítima, o que dificulta em demasia a prova.

---

(146) Disponível em: <http//www.assediomoral.org/legislação>. Acesso em: 23 set. 2011.
(147) Disponível em: <http//www.assediomoral.org/legislação>. Acesso em: 23 set. 2011.
(148) Ob. cit. p. 37.

Barbado[149] compartilha deste entendimento ao afirmar:

> Em nossa opinião, cremos que é óbvio que a prova resulta dificultosa nestes processos, porque se desenvolvem normalmente em contextos de relativa privacidade e porque ademais a vítima se encontra em estado de desamparo e ela se coloca também em inferioridade de condições. Desta regra de experiência, decorre a facilidade da carga de provar os fatos constitutivos de sua pretensão, ou bem da inversão. Como um avance na teoria da prova incorporada, pois o princípio da prova mais favorável para os casos difíceis de provar em benefício do mais fraco[150].

É importante tomar consciência das dificuldades que oferece o tema em torno da prova, por quanto nos permitirá evitar que seja sinônimo de impunidade, para o qual a solução mais valiosa será a que, em definitiva impeça que o assediador se beneficie com a impunidade somente porque existem dificuldades probatórias.

Desse modo, a prova da violência psicológica, apesar de difícil, não deve ser obstaculizada cabendo, inclusive, a inversão do ônus da prova, imputando o dever ao empregador de demonstrar efetivamente que tomou todas as medidas para evitar ou atenuar a prática do assédio na empresa, a fim de que a complexidade referida não acarrete na impunidade do agressor.

2.3. CLASSIFICAÇÃO DO ASSÉDIO MORAL TRABALHISTA

A violência psicológica em tela pode ser catalogada como diferentes tipos de assédio moral, variando de acordo com a posição hierárquica do agressor ou da vítima, classificando-se em assédio moral vertical ascendente ou descendente ou assédio moral horizontal.

---

(149) BARBADO, Patricia B. A modo de presentación: el abordaje multidisciplinario dela coso psicológico en el trabajo (mobbing). *Revista Doctrina*, Buenos Aires, 2005, fasc:15, p. 1.557.

(150) "Em nuestra opinión, creemos que es obvio que la prueba resulta dificultosa em estos processos, porque se desarrollan normalmente en contextos de relativa privacidade y porque además la victima se encuentra em estado de desamparo y ello la coloca también en inferioridad de condiciones. De esa regla de la experiencia, a su vez, deviene la de facilitarle la carga de probar los hechos constitutivos de su pretensión, o bien de invertirla. Como un avance en la teoría de la prueba se ha incorporado, pues, el principio del *favor probationis* para los casos de difícil prueba en beneficio del más débil. Es importante tomar conciencia de las dificultades que ofrece el tema en torno a la prueba, por cuanto ello nos permitirá evitar que sea sinónimo de impunidad, para lo cual la solución más valiosa será la que, endefinitiva, impida que el acosador se beneficie con la impunidad sólo porque existen dificultades probatorias". (Tradução livre)

2.3.1. Assédio moral vertical

Este tipo de assédio pode ser descendente, que é o que ocorre com maior frequência, ou ascendente, que, apesar de raro, pode existir.

O assédio moral vertical descendente é o que ocorre do superior hierárquico ao subalterno, é praticado por um trabalhador com ascendência funcional sobre o trabalhador/vítima[151].

Esta prática se configura quando o empregador (ou seus prepostos) extrapola a tênue linha que divide o poder diretivo e disciplinar do abuso do poder, que atinge a esfera personalíssima do empregado. A humilhação vertical se caracteriza por relações autoritárias, desumanas, onde predomina os desmandos, a manipulação do medo, a competitividade. O avanço do sistema organizacional do trabalho demandou novas características incorporadas à função: polifuncionalidade, rotação das tarefas, autonomia e flexibilização. Exige-se maior qualificação dos trabalhadores a custo de menores salários[152].

Assim, no assédio vertical descendente se denota a utilização do poder de chefia para fins de verdadeiro abuso de direito do poder diretivo e disciplinar, bem como para esquivar-se de consequências trabalhistas. O clássico exemplo é o do empregador que, para não ter que arcar com as despesas de uma dispensa injusta de um funcionário, tenta convencê-lo a demitir-se, ou cria situações constrangedoras ao empregado vítima, como retirar sua autonomia no departamento, transferir todas suas atividades a outras pessoas, isolá-lo do ambiente, para que o empregado sinta-se de algum modo culpado pela situação, ou sinta-se incompetente, pedindo sua demissão[153].

As consequências da globalização, que aguçaram a competitividade no mercado de trabalho, implicaram uma maior agilidade das empresas, procurando manter os conteúdos tradicionais e as regras das relações industriais. Essas mudanças ensejaram a necessidade dos empregados se adaptarem e aceitarem as constantes mudanças e novas exigências das políticas competitivas dos empregadores no mercado global, predominando o abuso de poder e a manipulação do medo, o que culminou na degradação deliberada das condições de trabalho[154].

Desta forma, o empregador, ou seus prepostos, que pratica o assédio moral, viola a dignidade do trabalhador, bem como os demais direitos personalíssimos, ficando alterado o desenvolvimento comportamental da vítima,

---

(151) FONSECA, Rodrigo Dias da. Assédio moral — breves notas. *Revista LTr.* 71-01. São Paulo. 2007, p. 34.
(152) RUFINO, Regina Célia Pezzuto. Ob. cit., p. 45.
(153) NASCIMENTO, Sonia. Ob. cit., p. 40.
(154) RUFINO, Regina Célia Pezzuto. Ob. cit., p. 96.

tanto no aspecto pessoal quanto no profissional e no social, desvirtuando, pois, a função social da empresa, desestruturando o ambiente laboral, onde passa a predominar a desarmonia e o desassossego[155].

A luta pelo poder é legítima entre indivíduos em condições similares. Certas lutas, porém, são desiguais. É o que sucede no caso de um superior hierárquico em relação a um subordinado, ou quando um indivíduo reduz sua vítima a uma posição de impotência para depois agredi-la com total impunidade, sem que ela possa revidar[156].

São variadas as razões pelas quais o empregador pratica este tipo de comportamento, que configura um abuso de poder, mas geralmente, se sente ameaçado de perder o seu poder e a posição privilegiada que goza dentro da empresa, diante da ameaça que a vítima representa[157].

Ao comentar sobre o assédio descendente, Alkimin[158] entende que:

> O assédio moral cometido por um superior hierárquico, em regra, tem por objetivo eliminar do ambiente de trabalho o empregado que por alguma característica represente uma ameaça ao superior, no que tange ao seu cargo ou desempenho do mesmo, também o empregado que não se adapta, por qualquer fator, à organização produtiva, ou que esteja doente ou debilitado. Como exemplo, temos o caso da mulher: a gravidez pode se tornar um fator de incômodo para alguns. Outrossim, o assédio moral pode ser praticado com o objetivo de eliminar custos e forçar o pedido de demissão.

E complementa explicando que o superior não expressa, em grande parte dos casos, sua intenção de ter o empregado fora do quadro de funcionários, não usufruindo de boa comunicação com os empregados, seja na forma de gerir as atividades produtivas, seja quanto ao objetivo do aumento da produtividade para obter o prestígio e sustentar a posição de poder e nível hierárquico em que se encontra. Na busca desse estado de poder, o empregador acaba humilhando e maltratando seus empregados, desestabilizando o ambiente de trabalho, o que acarreta a queda da atividade econômica da empresa, em virtude das consequências oriundas do assedio moral praticado[159].

Contudo, este tipo de assédio não é o mais frequente. Pode ocorrer também o assédio vertical ascendente, que é aquele no qual um subalterno

---

(155) Idem, p. 97.
(156) HIRIGOYEN, Marie-France. Ob. cit., p. 82.
(157) RUFINO, Regina Célia Pezzuto. Ob. cit., p. 96.
(158) ALKIMIN, Maria Aparecida. *Assédio moral na relação de emprego*. Curitiba: Juruá, 2007, p. 51.
(159) Idem, p. 53.

ou uma coletividade pratica atos vexatórios de forma contínua contra o superior hierárquico.

Fonseca[160] cita alguns exemplos deste tipo de assédio, demonstrando que em geral é uma coletividade que assedia o superior hierárquico:

> [...] pode-se cogitar do assédio moral ascendente levado a efeito pelo trabalhador melhor qualificado profissionalmente. É um típico caso de subordinação técnica às avessas, próprio da evolução do sistema produtivo, em que o empregador, cada vez mais distante da atividade fabril para dedicar-se à administração econômica do empreendimento, depende do empregado que possui os conhecimentos práticos inerentes ao processo produtivo.
>
> [...] em certos casos de atletas consagrados, de remuneração de padrão elevado, a subordinação ao técnico da equipe ou à diretoria é bastante mitigada, contribuindo para a tomada de atitudes abusivas, como a de boicotar ou ignorar as instruções de um treinador.
>
> [...] discriminação dos subordinados a um novo chefe, menos tolerante e amigo que o anterior.

Outro clássico exemplo ocorre quando uma pessoa é designada para um cargo de confiança, sem o prévio conhecimento de seus novos subordinados (que, muitas vezes, esperavam a promoção de um colega para tal posto); o ressentimento destes pode acarretar a prática do assédio. Essa prática ocorre, sobretudo, no serviço público, em razão da estabilidade de alguns trabalhadores, ensejando um maior número de ocorrência sobre a iniciativa privada[161].

Se os empregados passam a descumprir as ordens do superior ou passam a hostilizá-las, tal fato pode aflorescer uma insegurança no superior hierárquico, o qual, se inexperiente, fica sem saber como lidar com a situação, que pode evoluir para o deboche e desrespeito dos subalternos[162].

A pressão dos subalternos pode acarretar a descrença do superior quanto a sua competência e o receio de que este problema chegue até o empregador, o qual pode considerá-lo inapto para o exercício do cargo de liderança, fazendo com que o assediado suporte o fenômeno calado,

---

(160) FONSECA, Rodrigo Dias da. Ob. cit., p. 35.
(161) PAMPLONA FILHO, Rodolfo Mário Veiga. *O assédio sexual na relação de emprego*. São Paulo: LTr, 2001. p. 69.
(162) RUFINO, Regina Célia Pezzuto. Ob. cit., p. 93.

agravando a violação da autoestima da vítima, além de outros prejuízos mais graves, tanto mental como fisicamente[163].

2.3.2. Assédio moral horizontal

Este assédio é desencadeado pelos colegas de trabalho da vítima, do mesmo nível hierárquico.

O aumento da competitividade no mercado de trabalho aguça o individualismo no trabalho e aumenta a tolerância, mesmo que insatisfatória, aos abusos do empregador ou prepostos, para manter o emprego. A busca de melhores resultados, maior produtividade e a pressão empresarial originam a fiscalização dos próprios colegas de trabalho, quando a prestação de serviços é realizada em equipe, acarretando uma maior intolerância com os colegas morosos, iniciando a discriminação e humilhação aos colegas "improdutivos"[164].

A competição sistemática entre os trabalhadores, estimulada pela empresa, provoca comportamentos violentos, agressivos e de indiferença ao sofrimento do outro. A exploração da pessoa do trabalhador demonstra a excessiva frequência de violência e conflitos no mundo laboral. A globalização da economia provoca, na sociedade, uma onda feita de exclusão, de desigualdades e de injustiças, que sustenta, por sua vez, um clima repleto de intolerância e agressividade, não somente no mundo do trabalho, mas, outrossim, na vida social[165].

A baixa autoestima induz a vítima a agir com insegurança e temeridade, levando-a ao cometimento de inúmeros erros, muitas vezes imperdoáveis para os colegas, os quais, acostumados à ideia de trabalho em equipe, para melhoria da produtividade, deparam-se com um empregado inseguro, "improdutivo" e "incapaz" para o cargo, passando a menosprezá-lo, ironizá-lo ou, até, a incentivar sua desvalorização profissional[166].

O assédio moral horizontal vem crescendo nas empresas em virtude da diminuição da solidariedade entre os colegas, em face das metas a serem cumpridas por determinadas equipes de trabalhadores, onde todos disciplinam seus membros e, se algum possui um desempenho mais lento, levando os demais a um maior esforço para compensar a "ausência" de trabalho, imediatamente é pressionado pelos demais membros de sua equipe, com uma rigidez crítica ou atitudes vexatórias, além de poder ser colocado fora do grupo trabalhador.

---

(163) *Idem*, p. 94.
(164) *Ibidem*, p. 82.
(165) Disponível em: <http://www.assediomoral.org>. Acesso em: 25 set. 2009.
(166) RUFINO, Regina Célia Pezzuto. Ob. cit., p. 83.

São casos que ocorrem com menos frequência, cuja conduta é motivada por inveja pela discrepância salarial, ou por mais capacidade do ofendido, ou pela proteção da vítima por parte da chefia, por inveja, entre outros motivos[167].

Os fatores que mais ocasionam esse tipo de perversão moral são: a competição; a preferência pessoal do chefe, porventura gozada pela vítima, a inveja; o racismo; a xenofobia e motivos políticos[168].

O assédio entre colegas de mesmo patamar hierárquico não impede o direito da vítima à indenização pelos danos de qualquer natureza, sofridos, além da aplicação dos efeitos legais inerentes às demais consequências no contrato de trabalho[169].

2.4. PRINCIPAIS CONSEQUÊNCIAS DO ASSEDIO MORAL

As consequências do assedio moral são multifacetárias, vez que recaem seus efeitos negativos aos trabalhadores, à sociedade, à família da vítima e, notadamente, ao próprio trabalhador vítima do assédio.

A dimensão de seus efeitos demonstra o caráter peculiarmente complexo do assédio psicológico, sendo aconselhável uma abordagem multidisciplinar, na medida em que o fenômeno acarreta implicâncias médicas, psicológicas e sociais para as vítimas e, sobretudo, consequências para as organizações, éticas e econômicas que desencadeiam um dominó de efeitos negativos[170].

Muito embora o maior atingido seja o empregado, o assédio traz, outrossim, consequências prejudiciais à própria organização, a qual, ademais da imagem negativa perante a sociedade, sofre um desencadeamento de absenteísmo e rotatividade de pessoal, perdendo a efetividade, a produtividade e a motivação, não só da vítima do assédio, mas também em relação aos demais trabalhadores que sofrem com o clima psicossocial negativo no ambiente de trabalho[171].

Contudo, o principal afetado pelo fenômeno negativo é o trabalhador, vítima do assédio, o qual se depara com uma situação da qual pretende sair, mas muitas vezes não pode, em virtude do receio da perda do emprego.

A perversão moral atinge, de forma invisível, as relações entre trabalhadores e empregadores, por meio de atos autoritários, repetitivos e irônicos por parte dos superiores hierárquicos ou colegas de trabalho, os quais menosprezam o sofrimento dos trabalhadores. Tais condutas ensejam

---

(167) FONSECA, Rodrigo Dias da. Ob. cit., p. 37.
(168) GUEDES, Marcia Novaes. Ob. cit., p. 34.
(169) RUFINO, Regina Célia Pezzuto. Ob. cit., p. 85.
(170) BARBADO, Patricia B. Ob. cit. p. 1.155 (tradução livre).
(171) Idem, p. 1.155.

o medo na coletividade dos trabalhadores, além do individualismo, o que incentiva o desprezo dos colegas, quando um trabalhador adoecido deixar de produzir o esperado para que a coletividade alcance suas metas[172].

O ambiente de trabalho desarmonioso reflete diversas consequências de mal estar no empregado, tanto sob o prisma de sua saúde física, psíquica e mental, e, sobretudo, os efeitos psíquicos e mentais sofridos pelo trabalhador, os quais ocasionam a perda da autoestima e alterações comportamentais, levando o indivíduo ao isolamento, à falta de motivação e à desconfiança com o meio que o cerca[173].

A queda na autoestima do trabalhador pode originar um abalo psíquico de grandes proporções, chegando ao extremo de um suicídio, denotando que o acometimento do assédio ultrapassa a violação dos direitos personalíssimos, podendo danificar a saúde mental e física do trabalhador, conforme salienta Nascimento[174]:

> (...) Isso porque o assédio moral é uma das formas de se configurar o dano aos direitos personalíssimos do indivíduo. Assim, um ato violador de qualquer desses direitos poderá configurar, dependendo das circunstâncias, o assédio moral, o assédio sexual ou a lesão ao direito de personalidade propriamente dita. A diferença entre eles é o modo como se verifica a lesão, bem como a gravidade do dano. Dessa forma, teríamos o assédio moral como uma situação de violação mais grave que a "mera" lesão do direito de personalidade, eis que acarreta um dano à saúde psicológica da pessoa, à sua higidez mental, o que deve ser mais severamente repreendido pelo ordenamento. Tal repreensão se revela, principalmente, no tocante à valoração da indenização advinda do assédio moral, que deve ser analisada de modo diverso daqueles critérios comumente utilizados para as demais formas de pleito do dano moral. Nota-se que não é dada ao assediado a devida atenção valorativa na reparação do dano sofrido, pois, como forma mais grave de violação da personalidade e da saúde mental do trabalhador, mereceria indenização superior.

Essa situação de violência induz a vítima a reagir agressivamente, levando o ofensor a justificar sua perseguição em razão do comportamento descontrolado e indigno do assediado.

O trauma provocado por esse tipo de violência constitui um obstáculo no progresso profissional da vítima, além do isolamento sofrido pela ruptura do

---
(172) RUFINO, Regina Célia Pezzuto. Ob. cit., p. 85.
(173) Idem, p. 86.
(174) NASCIMENTO, Sonia. Ob. cit., p. 41.

equilíbrio nas relações de coleguismo e solidariedade, o que pode acarretar uma angústia profunda e uma mudança comportamental mais agressiva, insegura e antissocial que provoca a evolução de outros danos[175].

Sob o aspecto da destruição da autoestima da vítima no seio do trabalho, Guedes[176] aduz que:

> (...) Fala-se mal da vítima pelas costas. Quando esta aparece em meio ao grupo, cai um silêncio fúnebre. Para derrubar a imagem social, o outro é ridicularizado, humilhado e coberto de sarcasmo, até que perca toda autoconfiança. Coloca-se-lhe um apelido ridículo, caçoa-se de uma limitação física, do seu modo de andar, de falar, de vestir-se. São atacadas opiniões, a vida privada e a maneira de viver da vítima. Fazem propostas sexuais, verbais ou não. Denigrem sua imagem perante os superiores e julgam seu trabalho de maneira equivocada e ofensiva, utilizando-se de termos insultuosos e grosseiros.

Os efeitos do assédio moral na saúde do trabalhador podem ser devastadores, em virtude de atingirem a autoestima da vítima, podem provocar crises de ansiedade e danos psicossomáticos como depressão, palpitações, distúrbios do sono, revolta e sensação de fracasso e inutilidade, que desencadeiam enfermidades como alergias, dores em geral, problemas respiratórios e outros[177].

A vítima de assédio sofre primeiro um sentimento de indignidade e inutilidade, o que reflete na baixa autoestima não só pessoal como também profissional, conduzindo o trabalhador à insatisfação, por tornar-se incapaz de continuar se desenvolvendo nas principais esferas da vida, quais sejam pessoal e profissionalmente[178].

Com o crescimento da baixa autoestima, o trabalhador fica impossibilitado de atuar dentro dos padrões de normalidade, aceitos como tais em seu ambiente, e isso se torna perceptível para as pessoas no trabalho, as quais observam a alteração comportamental da vítima[179].

Essas alterações provocam danos funcionais, tornando o trabalhador, incapaz de responder aos estímulos normais de suas atividades, pela

---

(175) RUFINO, Regina Célia Pezzuto. Ob. cit., p. 85.
(176) GUEDES, Marcia Novaes. Ob. cit., p. 34.
(177) HIRIGOYEN, Marie France. Ob. cit., p. 82.
(178) ALKIMIN, Maria Aparecida. Ob. cit., p. 54.
(179) FIORELLI, José Osmir; MALHADAS, Marcos Julio Olivé Junior. *Psicologia nas relações de trabalho*. São Paulo: LTr, 2003. p. 266.

apresentação de comportamentos inaceitáveis para com os que com ele convivem[180].

A permanência no tempo da prática do assédio enseja na vítima, indisposições que antes eram consideradas "normais pelo excesso de trabalho", porém, que podem evoluir, acarretando danos na saúde do trabalhador, como emagrecimento ou aumento de peso de forma acelerada, distúrbios digestivos, vertigens, problemas na coluna, crises de hipertensão arterial e outras[181].

Camargo[182], médico do trabalho, especifica alguns sintomas oriundos do dano que o assédio moral pode causar num trabalhador:

> Podem acontecer comprometimentos físicos e mentais. Os sintomas físicos mais encontrados são as queixas de palpitações, tremores, dores generalizadas, alterações na pressão arterial, distúrbios digestivos e cefaleia. Nos mentais, destacam-se os transtornos do sono, do pânico, e os depressivos, como desânimo, tristeza, irritabilidade, ideação suicida e alteração da libido.

A saúde do trabalhador, bem como de qualquer indivíduo, depende do equilíbrio no bem-estar biológico/físico, psicológico e social, razão pela qual a falta de harmonia em um destes campos pode afetar o bem-estar da pessoa em qualquer outro campo.

O trabalhador que é forçado a sair do mercado profissional alimentará um sentimento de desvalorização e incompetência, que influenciará na consciência de cidadão digno, independente de os direitos e garantias fundamentais, desencadeando uma série de sentimentos de medo, ansiedade, depressão, e, além destas desastrosas consequências, certamente o problema psicológico da vítima refletirá na relação que mantém com as outras pessoas que o cercam.

Casamajor[183] especifica as enfermidades do trabalhador como danos pessoais, e trata também dos danos nas relações familiares, considerando que o assédio psicológico no trabalho pode causar efeitos físicos e psicossomáticos, como problemas de memória e concentração, apatia, irritabilidade,

---

(180) *Idem*, p. 266.
(181) RUFINO, Regina Célia Pezzuto. A organização do trabalho pode favorecer o assédio moral e o adoecimento dos trabalhadores. *Revista Proteção*, Rio Grande do Sul, Ano XX, setembro/2007, p. 51.
(182) CAMARGO, Duílio Antero. A organização do trabalho pode favorecer o assédio moral e o adoecimento dos trabalhadores. *Revista Proteção*, Rio Grande do Sul, Ano XX, setembro/2007, p. 93.
(183) CASAMAJOR, Maria L.; OLIVARES, Francisco J. Abajo. *Mobbing y resiliencia:* Las víctimas y su recuperación. El acoso psicológico en el trabajo (*mobbing*). Enfoques Multidisciplinares — Coordinadora: Patrícia B. Barbado. Buenos Aires, julho/2007, p. 99.

ansiedade, angústia e depressão, desajuste do sistema nervoso, sintomas de desgastes físicos, transtornos do sono entre outros efeitos.

Indubitavelmente, o dano ao "psique" da vítima pode evoluir para um problema psicossomático e atingir o físico, causando uma enfermidade fisiológica; por conseguinte, para chegar a este estágio, em regra o indivíduo tem um abalo psicológico, acometido por ansiedade, apatia, sentimento de culpa, e, nos casos mais grave, pode evoluir para a depressão.

Todos estes prejuízos acarretam ainda problemas de relacionamentos, vindo a atingir as relações interpessoais do trabalhador, sobretudo a relação com seus familiares, como explicita Casamajor[184]:

> Obviamente, os efeitos do *mobbing* se estendem mais além da vítima direta, afetando pouco a pouco de forma irreparável seu âmbito familiar. Assim, entre outras consequências, podemos encontrar: a) geração de mal-estar e conflito nas relações familiares; b) irritabilidade e agressividade da vítima com outros membros da sua família; c) perda da ilusão e interesse por projetos irreparáveis, no seu âmbito familiar; d) abandono ou descuidado com compromissos e responsabilidades familiares; e) aparição de transtornos médicos e psicológicos em outros membros do sistema familiar; f) alterações na afetividade e desejo sexual; g) crise de casal, chegando em alguns casos na separação[185].

A satisfação profissional e a segurança no trabalho proporcionam um bem-estar pessoal ao trabalhador, o qual penderá a manter uma relação mais positiva com as pessoas de seu convívio familiar. Considerando que um é reflexo do outro, diversos empreendimentos incentivam uma melhor qualidade de vida em família, disponibilizando mecanismos de ajuda aos problemas pessoais do trabalhador, os quais podem incidir em um efeito benéfico na conduta profissional, dentre outros auxílios[186].

Se o trabalhador for humilhado, menosprezado, discriminado, tratado de forma indigna durante a jornada, desenvolverá sentimentos de revolta, angústia e insatisfação pessoal, que terão de ser exteriorizados de alguma maneira. Em face da impossibilidade de exteriorizá-los no local do

---

(184) *Idem,* p. 99.
(185) "Obviamente, los efectos del mobbing se extienden más allá de la víctima directa, afectando-a menudo en forma irreparable — a su âmbito familiar. Así, entre otras consecuencias, podemos encontrar: a) generación o incremento de malestar y conflictividad en las relaciones familiares; b) irritabilidad y agresividad de la víctima con otros miembros de su família; c) perdida de ilusión e interes por proyectos comunes; d) abandono o desplazamiento de compromisos y responsabilidades familiares; e) aparición de transtornos médicos y psicológicos en otros miembros del sistema familiar; f) alteraciones em la afectividad y el deseo sexual; g) crisis de pareja, llegando em algunos casos a la separación". (tradução livre)
(186) RUFINO, Regina Célia Pezzuto. Ob. cit., p. 93.

constrangimento, pelo receio da perda do emprego, essa explosão recairá sobre as pessoas mais próximas do trabalhador, ou seja, seus familiares[187].

Oliveira[188] observa que a influência recíproca entre as ocorrências no ambiente laboral com aquelas do ambiente familiar refletem claramente a importância de um ambiente de trabalho saudável para que o trabalhador não desconte suas frustrações em terceiros inocentes, salientando que:

> A satisfação no trabalho pode influenciar atitudes em relação a outras esferas da vida, tais como: autoconfiança ou atitudes em relação à família etc., pois representa somente uma parcela da satisfação em relação à vida. Isso significa que o ambiente do trabalho influencia sentimentos no trabalho, assim como o trabalho influencia o sentimento de satisfação geral na vida de uma pessoa. Por isso, é necessário levar em consideração, além do cargo e do ambiente de trabalho, também as atitudes dos funcionários em relação a outras esferas de sua vida.

A situação se agrava com o desemprego da vítima, a qual, envolvida por um sentimento de impotência, desvalorização e indignação, pode ter comprometido seus valores e comportamentos, desestabilizando a relação familiar que o trabalhador mantém com seus entes mais próximos, o que pode acarretar na utilização de drogas legalizadas ou não por parte do trabalhador, como forma de refúgio do problema vivido[189].

Todas essas consequências podem gerar a incapacidade temporária ou definitiva do trabalhador e, para que este mantenha seu sustento, dependerá dos benefícios da Previdência Social, vez que o afastamento ou a incapacidade se originou de práticas relacionadas ao ambiente laboral, configurando acidente do trabalho, nos moldes do art. 19[190] e seguintes da Lei n. 8.213/91.

---

(187) *Idem,* p. 94.
(188) OLIVEIRA, Silvio Luiz. *Sociologia das organizações* — uma análise do homem e das empresas no ambiente competitivo. São Paulo: Pioneira, 1999. p. 43.
(189) RUFINO, Regina Célia Pezzuto. Ob. cit., p. 91.
(190) "Art. 19. Acidente do trabalho é o que ocorre pelo exercício do trabalho a serviço da empresa ou pelo exercício do trabalho dos segurados referidos no inciso VII do art. 11 desta Lei, provocando lesão corporal ou perturbação funcional que cause a morte ou a perda ou redução, permanente ou temporária, da capacidade para o trabalho.
(...)
Art. 20. Consideram-se acidente do trabalho, nos termos do artigo anterior, as seguintes entidades mórbidas:
(...)
II — doença do trabalho, assim entendida a adquirida ou desencadeada em função de condições especiais em que o trabalho é realizado e com ele se relacione diretamente, constante da relação mencionada no inciso I".

Há ainda a previsão mais específica do Decreto n. 3.048/99, o qual regulamenta a Lei dos Planos de Benefícios (Lei n. 8.213/91), ao especificar alguns distúrbios sofridos, em regra, pelas vítimas do assédio, conforme exposto no Anexo II:

— O *stress* grave e Transtorno de Adaptação: enseja dificuldades físicas e mentais relacionadas com o trabalho;

— A Neurose Profissional: é propiciada por problemas relacionados com emprego, desemprego, mudança de emprego, função, ameaça de perder o emprego, ritmo de trabalho penoso, desacordo com empregador e colegas, entre outros;

— Síndrome do Esgotamento Profissional: ritmo de trabalho penoso e outras dificuldades relacionadas com o trabalho;

Vera[191] defende a ideia do assédio moral ser configurado como acidente do trabalho para uma maior proteção do trabalhador, sobretudo ao desvincular a função do trabalhador que ensejou o assédio de sua vida privada:

> É muito importante que o estresse seja considerado acidente de trabalho e não somente enfermidade profissional. A qualificação como acidente de trabalho confere ao trabalhador mais garantias de cara a defender seus direitos laborais, ainda que tampouco seja conveniente que não se busquem outras causas alheias as laborais, causadoras do estresse[192].

Com efeito, a Previdência também terá que arcar com as consequências do assédio moral, em face do afastamento do assediado, e, indiretamente, a sociedade, pois é esta que patrocina a Previdência, e, na medida que os benefícios pagos às vítimas do assédio moral aumentam, as contribuições da sociedade também terão que aumentar, haja vista que é esta que arca direta e indiretamente com as prestações do Seguro Social, hospitalização, indenização pelo desemprego, enfim todas as prestações fornecidas pela Saúde, Assistência Social e Previdência Social.

---

(191) VERA, José A. Flores. *El acoso psicológico en el trabajo (mobbing). Enfoques Multidisciplinares.* Coordenadora: Patrícia B. Barbado. Buenos Aires, julho/2007, p. 33.
(192) "Es muy importante que el estrés sea considerado accidente de trabajo y no solo enfermedad profesional. La calificación como accidente de trabajo le confiere al trabajador más garantias de cara a defender sus derechos laborales, aunque tampoco es conveniente que no se busquén otras causas ajenas a las laborales, causantes del estrés".

O aumento nas ocorrências de acidentes de trabalho acarreta prejuízos também para a empresa, a qual poderá ter gastos oriundos do acidente, além da restituição de despesas médicas, hospitalares, na maioria dos casos, e, outrossim, de ter que arcar com alguns dias do afastamento do trabalhador, ficando inviável ao negócio profissional, sobretudo quando o acidente findar na morte do trabalhador, tendo a empresa que arcar com todas as indenizações decorrentes da rescisão contratual[193].

Denota-se, pois, que os efeitos danosos da prática do assédio também afetam o empregador, o qual é responsável pela manutenção do equilíbrio do ambiente do trabalho, em cumprimento às regras jurídicas, positivas ou meramente oriundas da ética[194].

Apesar de inexistir uma norma positivada específica dispondo e identificando o assédio moral, suas consequências e sanções, deverão ser aplicadas outras normas por analogia, impondo ao empregador o cumprimento fiel à proteção jurídica de direitos dos trabalhadores, limitando sua conduta com ditames trabalhistas, e o descumprimento destas normas, de forma reiterada, configura o assédio moral, o qual enseja a rescisão indireta prevista na CLT[195]:

> Art. 483. O empregado poderá considerar rescindido o contrato e pleitear a devida indenização quando:
>
> a) forem exigidos serviços superiores às suas forças, defesos por lei, contrários aos bons costumes, ou alheios ao contrato;
>
> b) for tratado pelo empregador ou por seus superiores hierárquicos com rigor excessivo;
>
> c) correr perigo manifesto de mal considerável;
>
> (...)
>
> e) praticar o empregador ou seus prepostos, contra ele ou pessoas de sua família, ato lesivo da honra e boa fama;

As condutas citadas acarretam a rescisão contratual por parte do trabalhador, com direito ao recebimento de todas as verbas rescisórias, inclusive aquelas de cunho indenizatório; com maior razão, se tais condutas ocorrerem de forma repetitiva, ensejarão a caracterização do assédio e, por consequência, o direito às verbas oriundas da rescisão indireta.

---

(193) RUFINO, Regina Célia Pezzuto. Ob. cit., p. 95.
(194) É um padrão aplicável à conduta de um grupo bem definido, padrão esse que nos permite aprovar ou desaprovar agentes e suas ações.
(195) *Idem*, p. 94.

O ambiente de trabalho equilibrado e harmonioso é essencial para a saúde e para a preservação da dignidade do trabalhador, de maneira que exigir esforços acima das condições do empregador, ou tratá-lo com rigor excessivo, colocá-lo em risco ou caluniá-lo, difamá-lo ou injuriá-lo de forma reiterada desgasta a vítima em demasia, incidindo na rescisão contratual com o respectivo recebimento de todas as verbas indenizatórias[196].

Se os referidos atos forem praticados por prepostos do empregador, os efeitos serão os mesmos, contudo, nesse caso, o empregador poderá demitir o preposto agressor por justa causa, nos moldes do art. 482 da CLT[197].

O afastamento do trabalhador em decorrência do assédio sofrido causa consequências que podem ser desastrosas para o empregador, em virtude da alta rotatividade de mão de obra que gera um gasto em demasia, especialmente quando o trabalhador afastado era altamente qualificado, o que pode gerar obstáculos para a empresa na busca de um substituto, afetando sensivelmente sua produtividade, se transformando em mais um ponto negativo para a empregador que comete ou que permite a prática do assédio moral em todo seu âmbito e extensão.

Hirigoyen[198] ilustra notadamente as perdas que a empresa pode sofrer quando da ocorrência do assédio:

> As consequências econômicas desse estado de coisas para uma empresa não deveriam ser negligenciadas. A deterioração do ambiente de trabalho tem como corolário uma diminuição importante da eficácia ou do rendimento do grupo ou da equipe de trabalho. A gestão do conflito torna-se a principal preocupação dos agressores e dos agredidos, e por vezes até das testemunhas, que deixam de se concentrar em suas tarefas. As perdas para a empresa podem, então, assumir proporções significativas, por um lado, pela diminuição da qualidade do trabalho, e por outro, pelo aumento dos custos devido às faltas.

A globalização acirrou a competição em todos os níveis e novas formas de trabalho vêm surgindo para darem atendimento a situações mais emergenciais e, por conseguinte, sem a assunção de compromissos, alterando os objetivos das empresas que passaram a ser apenas imediatos[199].

---

(196) *Idem*, p. 96.
(197) Constituem justa causa para rescisão do contrato de trabalho pelo empregador: (...) b) incontinência de conduta ou mau procedimento; o j) ato lesivo da honra ou da boa fama praticado no serviço contra qualquer pessoa, ou ofensas físicas, nas mesmas condições, salvo em casa de legítima defesa, própria ou de outrem.
(198) HIRIGOYEN, Marie France. *Mal-estar no trabalho:* redefinindo o assédio moral. Tradução de Rejane Janowitzer. Rio de Janeiro: Bertrand Brasil, 2002. p. 57.
(199) DUARTE, Regina A. Os impactos da globalização nas relações de trabalho. *Revista do Advogado — AASP*, São Paulo. Ano XXII, n. 66, junho 2002, p. 34.

Com os efeitos da globalização e da flexibilização do direito do trabalho, restou aguçada a competitividade internacional entre as empresas, as quais necessitaram aprimorar um processo de produção empresarial acelerado, no qual o empregador visa primordialmente a criação do produto de maneira mais prática, barata e célere, buscando sempre um número maior de produtos em menor tempo, menosprezando as condições humanas na manufatura deste produto, importando-se apenas com o resultado obtido de forma urgente[200].

Essa transformação no mercado de trabalho despreza o real papel do trabalhador dentro do processo produtivo, bem como as condições ambientais, em total desrespeito à função social da empresa e à valorização do trabalho, contudo, quando o empregado adoece, ou é expulso do processo produtivo em razão do assédio, a empresa nota tardiamente a relevância do papel desempenhado pela vítima, o qual, dominante de características peculiares e essenciais às atividades empresariais, não é facilmente superado pela contratação de outro trabalhador, gerando expensas excessivas ao empregador[201].

Quando o ofensor for o próprio empregador, poderá este sofrer, as consequências penais oriundas de seu ato.

Inexiste no âmbito jurídico brasileiro uma norma específica que tipifique o assédio moral como crime. No momento, o assédio moral só é descrito em leis específicas e regionais ligadas ao funcionalismo público no que tange ao ambiente de trabalho. No âmbito privado, a Lei Maria da Penha (Lei n. 11.340/2006), que trata da violência psicológica no âmbito doméstico, também trata da violência psicológica, dispondo o seu art. 2º que: "toda mulher (...) sendo-lhe asseguradas as oportunidades e facilidades para viver sem violência, preservar sua saúde física e mental e seu aperfeiçoamento moral, intelectual e social". O art. 7º (Capítulo II — Das Formas de violência Doméstica e Familiar contra a Mulher) dispõe, em seu inciso II, sobre a violência psicológica (humilhação, chantagem, limitação do direito de ir e vir, perseguição etc.) além do inciso V, que dispõe sobre a violência moral, entendida como calúnia, difamação ou injúria, já definidas no Código Penal Brasileiro.

Contudo, não se trata de um dispositivo que se aplica especificamente ao assédio moral nas relações de trabalho, tampouco o configurando como crime, porém, certas condutas praticadas pelo agressor podem configurar outros crimes já tipificados no Código Penal Brasileiro:

> Art. 216-A: Constranger alguém com intuito de levar vantagem ou favorecimento sexual, prevalecendo-se o agente da sua condição de superior hierárquico ou ascendência inerentes ao exercício de emprego, cargo ou função.
>
> Pena — detenção de um a dois anos.

---
(200) RUFINO, Regina Célia Pezzuto. Ob. cit., p. 35.
(201) *Idem*, p. 36.

O citado tipo penal também é conhecido como assédio sexual, e, quando praticado pelo próprio empregador (e não por seus prepostos), este sofrerá também as consequências penais. No entanto, se for praticado por um preposto do empregador, somente o preposto responderá criminalmente, vez que a sanção pelo tipo penal cometido não passa da pessoa que o praticou.

Em face da amplitude de condutas que configuram o assédio moral, apesar de não haver uma tipificação específica, existem outros crimes previstos no Código Penal Brasileiro que podem caracterizar alguns atos que, se praticados de forma reiterada, ensejarão o assédio. Entre tais dispositivos destacamos: o art. 139, que tipifica a difamação, e o art. 140, que tipifica a injúria (ambos inseridos no capítulo dos Crimes contra a Honra); o art. 136, que dispõe sobre os maus-tratos (inserido no capítulo dos Crimes de Periclitação da Vida e da Saúde) e o art. 146, que trata do constrangimento ilegal (no capítulo dos Crimes contra Liberdade Individual), todos cominados com penas restritivas à liberdade[202].

Em trâmite há anos no Congresso Nacional Brasileiro, o Projeto de Lei Federal n. 5.971/2001 trata do tema, ao tipificar a prática do assédio moral e impor pena de detenção de 1 (um) a 2 (dois) anos e multa para tal prática; como ainda não está em vigor, inexiste, na atualidade, uma consequência efetivamente penal para o assediador, exceto nos casos abordados no parágrafo anterior.

Tramita também na Câmara o Projeto de Lei n. 7.202/2010, que inclui o assédio moral como causa de acidente de trabalho, em razão do aumento gradativo de pagamento de auxílio-doença em razão do assédio moral nas empresas. Sem dúvida, esta medida elevará os custos das empresas com tributos e com ações judiciais.

Considerando que o crime não passa da pessoa do agressor, conforme informado *supra*, além de considerar que não há crime sem lei anterior que o defina[203], somente se o empregador tiver sido o próprio agressor, e se tiver praticado uma das condutas citadas, é que responderá também pelos efeitos penais de seus atos

Independentemente da aplicação ou não da consequência penal, o empregador sempre terá responsabilidade civil em relação à prática do assédio, sobretudo nos casos praticados por seus prepostos, vez que o empregador é responsável pelos atos de seus prepostos, condições estas que serão aprofundadas no próximo capítulo.

---

(202) *Idem*, p. 38.
(203) Princípio da anterioridade da lei — art. 1º do CPB.

Capítulo III

Responsabilidade civil do empregador em face dos atos praticados pelos prepostos

Para que vivamos uns ao lado dos outros, formando uma mesma célula, seja a família, o trabalho ou o agrupamento estatal, se faz necessário a existência de princípios e normas de condutas, a fim de pautarem a atuação da pessoa em suas relações sociais[204].

3.1. CONCEITO E FUNDAMENTOS

A ocorrência do assédio dentro do ambiente de trabalho, bem como qualquer conduta que gere um prejuízo ao trabalhador, deve ser respondida civilmente pelo empregador, e para melhor elucidar esta obrigação patronal insta analisar as regras básicas que compõe as obrigações e a responsabilidade civil.

As regras básicas que norteiam a responsabilidade civil destinam-se a estabelecer parâmetros da boa convivência social, fixando as obrigações de uma relação jurídica, estabelecida entre devedor e credor e cujo objeto consiste numa prestação pessoal econômica, positiva ou negativa, devida pelo primeiro ao segundo, garantindo-lhe o adimplemento por meio de seu patrimônio[205].

A palavra *responsabilidade* advém do latim *re-spondere*, que consiste na ideia de segurança ou garantia da restituição ou compensação como resposta. Portanto, *responsabilidade* e todos os seus vocábulos cognatos expressam uma ideia de equivalência de contraprestação, de correspondência[206].

---

(204) MONTEIRO, Washington de Barros Monteiro. *Curso de direito civil* — Direito das obrigações. Atualizado por Carlos Alberto Dabus Maluf e Regina Beatriz Tavares da Silva. São Paulo: Saraiva, 2003. p. 51.
(205) *Idem,* p. 51.
(206) DINIZ, Maria Helena. *Dicionário jurídico,* São Paulo: Saraiva, 1998. v. 4. p. 93.

Em face da inexistência de uma previsão legal do conceito estrito da responsabilidade civil, pode-se entender como tal a sitematização de regras e princípios que "objetivam a reparação do dano patrimonial e a compensação do dano extrapatrimonial causados diretamente por agente — ou por fato de coisas ou pessoas que dele dependam — que agiu de forma ilícita ou assumiu o risco da atividade causadora da lesão[207].

A responsabilidade civil se fundamenta no fato de que os homens livres que compõem a sociedade de direito detêm o livre arbítrio para escolher os caminhos a serem trilhados. Dentre as opções, há inúmeras que não convêm, por lesionar o semelhante. Tal dialética origina o princípio geral do direito de que a ninguém é permitido prejudicar outrem, consubstanciado pela máxima romana *neminem laedere*[208].

Logo, o direito reaciona ao descumprimento de uma obrigação, impondo uma sanção ao violador, que será a consequência da responsabilidade civil daquele que tinha o dever jurídico originário. Contudo, por ser tratar da consequência de uma ação ou omissão danosa dentro de uma relação privada, a reparação do dano deve ser provocada pela própria vítima, não cabendo ao Estado impor tal sanção de ofício, havendo a reparação ou atenuação do prejuízo da vítima somente quando esta provoca a tutela jurisdicional ou extra jurisdicional.

Diniz[209] assevera que a responsabilidade civil corresponde à:

> Aplicação de medidas que obriguem alguém a reparar dano moral ou patrimonial causado a terceiro em razão de ato do próprio imputado, de pessoa por quem ele responde, ou de fato de coisa ou animal sob sua guarda, ou ainda, de simples imposição legal. A responsabilidade civil requer prejuízo a terceiro, para particular ou Estado, de modo que a vítima poderá pedir reparação do dano, traduzida na recomposição do *statu quo ante* ou em uma importância em dinheiro.

A fonte da responsabilidade civil é o interesse em restabelecer o equilíbrio moral ou patrimonial violado pelo dano[210].

Assim, o autor de um ato ou omissão que resultou num dano, deve suportar suas consequências. Trata-se de uma regra que resume o problema da responsabilidade, buscando o equilíbrio social, enxergando a responsabilidade como um fenômeno social[211].

---

(207) DALLEGRAVE NETO, José Affonso. Ob. cit., p. 40.
(208) *Idem*, p. 35.
(209) DINIZ, Maria Helena. *Curso de direito civil brasileiro*. São Paulo: Saraiva, 2003. v. 7, p. 93.
(210) *Idem*, p. 95.
(211) GONÇALVES, Carlos Roberto. *Direito civil brasileiro*. 2. ed. ver. e atual. São Paulo: Saraiva, 2007. p. 48.

Além da função reparadora, a responsabilidade civil tem sido vista com uma função sancionatória, quando pautada na culpa, conforme explicita Telles[212]:

> A responsabilidade civil exerce uma função *reparadora,* destinando-se, como se destina, a reparar ou indenizar prejuízos por outrem sofridos. Mas desempenha também uma função *sancionadora,* sempre que na sua base se encontra um ato ilícito e culposo, hipótese a que nos vimos reportando, pois representa uma forma de reação do ordenamento jurídico contra esse comportamento censurável.

A responsabilidade civil pode ser considerada como as medidas que obrigam alguém a reparar dano moral ou material causado a terceiros em razão de atos próprios ou de pessoa por quem ele responde, ou de fato de coisa ou animal sob sua guarda (responsabilidade subjetiva), ou, ainda, de mera imposição legal (responsabilidade objetiva)[213].

Para a configuração da responsabilidade civil, segundo grande parte da doutrina, impõe-se a presença de alguns pressupostos como a culpa, o dano e o nexo causal, que é a relação de causa e efeito entre a conduta do agente e o dano.

Outrossim, a responsabilidade pode ser classificada de acordo com o fato gerador, considerada contratual ou aquiliana (extracontratual), ou, conforme sua fundamentação, responsabilidade subjetiva ou objetiva.

3.1.1. *Responsabilidade civil contratual e aquiliana*

A responsabilidade civil corresponde a uma das consequências jurídicas decorrentes da prática de ato ilícito, oriundo da inobservância de uma relação obrigacional e que produz, em favor do lesionado, o direito de ser integralmente indenizado pelos prejuízos experimentados[214].

Se a responsabilidade for oriunda de uma relação obrigacional celebrada entre a vítima e o agente causador da lesão, nasce a figura da responsabilidade contratual. Todavia, se não advém de contrato, classifica-se como aquiliana ou extracontratual.

A responsabilidade contratual é aquela que advém de uma obrigação oriunda de um contrato firmado entre as partes, e sua efetivação é processualmente mais facilitada, haja vista a presunção de dano e culpa.

---

(212) TELLES, Inocêncio Galvão. *Direito das obrigações.* Coimbra: Coimbra Editora, 1997. p. 24.
(213) DINIZ, Maria Helena. Ob. cit., p. 99.
(214) AZEVEDO, Álvaro Villaça. *Curso de direito civil* — Teoria geral das obrigações. São Paulo: Revista dos Tribunais, 1981. p. 103.

Esta responsabilidade provém da inexecução de uma obrigação previamente estipulada entre as partes (ofensor e vítima). Entretanto, considerando que o contrato é a principal fonte de obrigações previstas pelo direito, utilizou-se a nomenclatura responsabilidade contratual e extracontratual[215].

Essa responsabilidade decorre da "inexecução de negócio jurídico bilateral ou unilateral", resultando, pois, de um ilícito contratual, da ausência de adimplemento ou da mora no cumprimento da obrigação. É baseada no "dever de resultado, o que acarretará a presunção da culpa pela inexecução previsível e evitável da obrigação nascida da convenção prejudicial à outra parte". Logo, para a configuração da responsabilidade contratual, faz-se necessária uma prévia obrigação, vez que configura "o resultado da violação de uma obrigação anterior"[216].

Por outro lado, a responsabilidade aquiliana é aquela que resulta do descumprimento normativo, ou seja, "a fonte desta responsabilidade é a inobservância da lei, é a lesão a um direito, sem que entre o ofensor e o ofendido preexista qualquer relação jurídica"[217].

A responsabilidade aquiliana ou extracontratual é regida pelo princípio segundo o qual ninguém pode causar prejuízo a outrem, denominado *neminem laedere*, no qual a vítima deve provar o dano, considerando o ato ilícito, nos moldes do art. 186 do Código Civil, a maior fonte de aplicação da responsabilidade civil.

Na responsabilidade aquiliana, o ônus da prova acerca da ocorrência do ato ilícito é da vítima, enquanto na contratual o ônus varia conforme o tipo de inexecução, ou seja, nos casos em que o ilícito incide sobre obrigação de resultado, haverá presunção de culpa do agente, dispensando a prova da vítima, porém, quando o ilícito decorre da inexecução de uma obrigação meio, a vítima terá que comprovar a culpa do agente, salvo os casos de inversão do ônus da prova previstos na lei[218].

A responsabilidade extracontratual é a resultante da violação de dever embasado num princípio geral de direito, como o de respeito à pessoa e aos bens alheios. A responsabilidade contratual é a violação de determinado dever, inerente a um contrato. A previsão do ato ilícito pelo citado dispositivo consta da parte geral do Código Civil, e é a fonte da responsabilidade contratual e extracontratual[219].

---

(215) DALLEGRAVE NETO, José Affonso. Ob. cit., p. 40.
(216) DINIZ, Maria Helena. Ob. cit., p. 109.
(217) *Idem,* p. 109.
(218) DALLEGRAVE NETO, José Affonso. Ob. cit., p. 40.
(219) *Idem,* p. 42.

3.1.2. Responsabilidade subjetiva e objetiva

Insta frisar que a responsabilidade civil subjetiva e objetiva não são antônimos, mas sim visões distintas sobre a obrigação de reparar o dano.

Na responsabilidade subjetiva, se faz necessária a prova da culpa do agente para que implique o dever de reparar o dano. Na concepção clássica, a responsabilidade do causador do dano só se confirma se este agiu com culpa ou dolo, sendo indispensável a prova do agente causador do dano, a fim de acarretar o dever reparatório. Por conseguinte, denota-se que a responsabilidade civil subjetiva depende da conduta do sujeito[220].

A responsabilidade subjetiva se baseia na culpa do agente, a qual deve ser comprovada para gerar a obrigação da satisfação. A responsabilidade do causador do dano, pois, somente se configura se ele agiu com dolo ou culpa. Trata-se da teoria clássica, também chamada teoria da culpa ou *subjetiva*, segundo a qual a prova da culpa *lato sensu* (abrangendo o dolo) ou *stricto sensu* se constitui num pressuposto do dano indenizável.

Contudo, há quem entenda que a culpa não é um dos elementos intrínsecos da responsabilidade civil, os quais se resumem em conduta humana, dano ou prejuízo e o nexo de causalidade[221].

Pereira[222] preleciona, porém, que a definição de culpa é essencial para o entendimento do tema responsabilidade civil, aduzindo que sem tal conceito o resultado pode ser antissocial e amoral, não se distinguindo o lícito do ilícito ou desatendendo à qualificação da boa ou má conduta, em virtude de que a reparação cairá tanto para aquele que age em conformidade com a lei, quanto para aquele que "age ao seu arrepio".

Assim, é a responsabilidade fundada na culpa ou dolo por ação ou omissão lesiva, que é a teoria clássica e tradicional da culpa, a qual pode ser *lato sensu* e *stricto sensu*. A primeira compreendendo o dolo e a segunda caracterizando-se pela violação de um dever o qual o agente podia conhecer e acatar ou prevenir[223].

A responsabilidade civil subjetiva desce a várias distinções sobre a natureza e extensão da culpa: "a) culpa *lata, leve* e *levíssima*; b) culpa *contratual* e *aquiliana*; c) culpa *in eligendo* e culpa *in vigilando;* d) culpa *in committendo, in omittendo* e *in custodiendo;* e) culpa *in concreto* e culpa *in abstracto*"[224].

---

(220) RODRIGUES, Sílvio. *Direito civil — Responsabilidade civil.* São Paulo: Saraiva, 2008. p. 99.
(221) PAMPLONA FILHO, Rodolfo Mário Veiga. Ob. cit., p. 26.
(222) PEREIRA, Caio Mário da Silva. *Responsabilidade civil.* Rio de Janeiro: Forense, 2003. p. 30.
(223) DINIZ, Maria Helena. Ob. cit., p. 110.
(224) MONTEIRO, Washington de Barros. Ob. cit., p. 99.

Culpa *lata* é aquela que se assemelha ao dolo; culpa *leve* é a falha evitável com atenção ordinária; e culpa *levíssima* é a falta evitável com habilidade especial (ou atenção extraordinária). A culpa *in eligendo* é originária da má escolha do empregado, do representante ou do preposto; e a culpa *in vigilando* é oriunda da ausência de fiscalização. Culpa *in committendo* corresponderia à imprudência enquanto a *in omittendo* corresponde à negligência e a *in custodiendo* à imperícia. Culpa *in abstracto* se configura quando o agente se afasta da diligência que costuma empregar no trato de seus negócios e culpa *in concreto* é aquela que depende de uma análise peculiar dos atos e fatos envolvidos. As culpas *contratual* e *aquiliana* já foram analisadas mais profundamente nesse compêndio[225].

A teoria da responsabilidade subjetiva implica a observância da comprovação da culpa do agente. É o que ocorre no campo moral, no qual a demonstração da culpa é essencial para a fixação da "compensação", o que será aprofundado posteriormente.

No entanto, não se pode olvidar que a teoria subjetiva foi aceita de forma absoluta até o século XIX, vez que, posteriormente, com o advento do Estado Social, a doutrina e a jurisprudência passaram a priorizar o ressarcimento do dano e não mais vincular a indenização ao ato ilícito: a vítima, antes colocada num outro patamar, no qual lhe cabia o ônus da prova da culpa, passa a ser considerada juridicamente como sujeito prioritariamente tutelado. Com esta nova visão, denominada teoria do risco, a indenização passa a ser devida independentemente do "dogma positivista segundo o qual somente é indenizável" o dano oriundo da culpa demonstrada pelo ofensor[226].

Antes do advento do Código Civil de 2002, predominava a regra absoluta da responsabilidade subjetiva, verificando a culpa do agente infrator, aceitando a teoria do risco somente em casos excepcionais previstos em lei como, por exemplo, o Código do Consumidor (Lei n. 8.078/90), a lei de acidentes do trabalho (Lei n. 8.212/91), a Súmula n. 341 do STF[227], entre outras, nas quais a lei impõe a obrigação de reparar o dano independentemente de comprovação ou existência de culpa[228].

A responsabilidade de reparação se origina exclusivamente do fato de o dano ter sido oriundo de uma atividade potencialmente lesiva, conhecida

---

(225) *Idem*, p. 99.
(226) DALLEGRAVE NETO, José Affonso. Ob. cit., p. 40.
(227) Súmula n. 341: "É presumida a culpa do patrão ou comitente pelo ato culposo do empregado ou preposto".
(228) MORAES, Maria Celina Bodin de. Risco, solidariedade e responsabilidade objetiva. *Revista dos Tribunais*. São Paulo: RT, Ano 95, volume 854, dezembro/2006, p. 17.

como teoria do risco, ou seja, a responsabilidade civil "desloca-se da noção de culpa para a ideia de risco"[229].

Entretanto, vislumbra-se que o Código Civil em vigência estabeleceu, ao lado da regra geral da culpa, que é o art. 927, *caput,* que dispõe que "aquele que, por ato ilícito[230], causar dano a outrem, fica obrigado a repará-lo", outra regra com base no "risco da atividade", conforme parágrafo único do citado dispositivo: "Haverá obrigação de reparar o dano, independentemente de culpa, nos casos especificados em lei, ou quando a atividade normalmente desenvolvida pelo autor do dano implicar, por sua natureza, risco para os direitos de outrem"[231].

A teoria do risco[232] ou da responsabilidade civil objetiva implica a responsabilidade do agente com a mera demonstração do dano e o nexo de causalidade, descartando a necessidade de comprovação de culpa em face do risco assumido pelo agente.

Nesse tipo de responsabilidade, torna-se irrelevante a conduta culposa ou dolosa do agente causador do dano, sendo o bastante para ensejar a reparação a existência do nexo causal entre o prejuízo da vítima e a conduta do agente. Diniz[233] acrescenta que

> Na responsabilidade objetiva, a atividade que gerou o dano é lícita, mas causou perigo a outrem, de modo que aquele que a exerce, por ter a obrigação de velar para que dela não resulte prejuízo, terá o dever ressarcitório, pelo simples implemento do nexo causal. A vítima deverá pura e simplesmente demonstrar o nexo de causalidade entre o dano e a ação que o produziu. Nela não se cogita de responsabilidade indireta, de sorte que reparará o dano o agente ou a empresa exploradora, havendo tendência de solicitação dos riscos, nem do fortuito como excludente de responsabilidade.

A literatura classifica diversas espécies de riscos em matéria de responsabilidade civil objetiva, como o risco integral, risco proveito, risco criado e risco profissional.

Dallegrave Neto[234] expõe a diferença de tais riscos entendendo que o **risco integral** dispõe que o agente deve assumir integralmente os riscos,

---
(229) GONÇALVES, Carlos Roberto. *Direito civil brasileiro*. 2. ed. ver. e atual. São Paulo: Saraiva, 2007. p. 36.
(230) Ato ilícito já conceituado (art. 186) e art. 187: "também comete ato ilícito o titular de um direito que, ao exercê-lo, excede manifestamente os limites impostos pelo seu fim econômico ou social, pela boa-fé ou pelos bons costumes".
(231) MORAES, Maria Celina Bodin de. Ob. cit., p. 21.
(232) Inexiste um conceito uniforme do risco, mas majoritariamente ele se coaduna com a atividade perigosa.
(233) DINIZ, Maria Helena. Ob. cit., p. 111.
(234) Ob. cit., p. 111.

independentemente da investigação de culpa, bastando nexo objetivo do dano e do fato; o **risco proveito** consiste no fato de o agente tirar proveito ou vantagem do fato causador do dano, se obrigando a repará-lo; **risco criado** é aquele em que o agente possui atividades empresariais de perigo, apesar de lícitas, porém, que implicam dano para os direitos de outrem; e o **risco profissional** é uma modalidade mais genérica do risco criado, se estendendo a todas as atividades de risco que a empresa possui por sua função social, entre outras.

No entanto, Moraes[235] une o risco criado e o risco profissional usando a denominação risco excepcional, também aceito por parte da doutrina civilista.

Diniz[236] classifica a responsabilidade objetiva sob duas modalidades: teoria do risco, que é aquela na qual o agente provoca danos resultantes de atividade profissional perigosa, representando um risco; e teoria do dano objetivo, que dispõe que é responsabilizado o agente que provoca uma espécie de dano a outrem independentemente da ideia de culpa.

Para o direito civil constitucional, não pode prevalecer norma jurídica que não seja interpretada à luz da Constituição Federal e que tampouco coadune com seus princípios fundamentais, de maneira que cabe à Constituição proclamar o fundamento ético-jurídico que esteja repleto de constitucionalidade, generalidade e eticidade à responsabilidade objetiva, buscando o fim precípuo, ou seja, o princípio da solidariedade social[237].

Este princípio funda-se em um dever. A ideia de solidariedade conecta-se com o respeito ao diferente, ensejando o entendimento humano de que o outro também pertence ao mundo. Ao respeitar o outro, oriunda deste princípio o dever de responsabilidade independentemente de reciprocidade[238].

Para Villela[239], a responsabilidade objetiva é exceção à regra, condicionando sua aplicabilidade à expressa previsão legal.

As vantagens da responsabilidade objetiva se sobrepõem à subjetiva, como não impor à vítima uma prova penosa, além de que sem a necessidade da demonstração da culpa os processos se tornam mais céleres e menos custosos, e nas atividades perigosas, nas quais os riscos de danos independem da diligência do agente, o sistema da culpa é ineficaz, vez que a análise econômica do direito não logra induzir no agente os níveis de atividade socialmente desejáveis[240].

---

(235) MORAES, Maria Celina Bodin de. Ob. cit., p. 21.
(236) Ob. cit., p. 40.
(237) Ob. cit., p. 23.
(238) *Idem*, p. 23.
(239) VILLELA, Fábio Goulart. Responsabilidade civil do empregador no acidente de trabalho. *Revista LTr*. São Paulo, Ano 70, julho/2006, p. 22.
(240) MORAES, Maria Celina Bodin de. Ob. cit., p. 18.

Com efeito, muito embora se apliquem, no Brasil, duas teorias em relação à responsabilidade civil, como a subjetiva, na qual a comprovação da culpa é primordial para a devida reparação do dano, e a objetiva, que independe de culpa do agente, é esta última que vem ganhando terreno no cenário jurídico brasileiro, conforme ilustrativamente dispõe o citado parágrafo único do art. 927 do Código Civil, a responsabilidade do empresário (art. 931), as responsabilidades indiretas (arts. 932 e 933), a responsabilidade pelos animais (art. 936), a responsabilidade decorrente de ruínas (art. 937), o art. 21, XXIII da CRFB, que estabelece esta responsabilidade para os danos nucleares, o art. 12 da Lei n. 8.078/90 (Código de Defesa do Consumidor), além de outros dispositivos espalhados pelo ordenamento jurídico.

Entretanto, qualquer que seja a responsabilidade civil (subjetiva ou objetiva), se faz necessária a demonstração do nexo causal entre o dano e a conduta lesiva do agente para a verificação da reparação adequada.

3.1.3. Nexo causal e excludente de ilicitude

Nexo causal é a relação de causa e efeito entre a conduta (mesmo que omissiva) do agente e o dano, sendo necessária a visão em torno da conduta do agente para vislumbrar a existência ou inexistência de nexo causal. É o liame entre a conduta do agente e o dano.

O grande desafio é identificar o critério utilizado no concurso de várias circunstâncias ou identificar o fator determinante da responsabilidade civil.

Neste prisma, Gonçalves[241] preleciona:

> (...) a teoria do nexo causal encerra dificuldades porque, em razão do aparecimento de concausas, a pesquisa da verdadeira causa do dano nem sempre é fácil. Essas concausas podem ser sucessivas ou simultâneas. Nas últimas, há um só dano, ocasionado por mais de uma causa. É a hipótese de um dano que pode ser atribuído a várias pessoas. O Código Civil, em matéria de responsabilidade extracontratual, dispõe que, neste caso, ela é solidária (cf. art. 942, parágrafo único).

Monteiro[242] elucida que para identificar o nexo causal, impõe-se a análise de algumas teorias, como a teoria da equivalência das condições, na qual se verifica todo e qualquer evento que tenha relação com o dano, sem distinção entre causa; a teoria da causalidade adequada, na qual só será causadora do dano aquela condição que for capaz de produzir; e a teoria que

---

(241) Ob. cit., p. 46.
(242) Ob. cit., p. 93.

exige que o dano seja consequência imediata do fato que o produziu, ou seja, estabelece que é indenizável todo dano que se filia a uma causa, desde que esta seja necessária, por inexistir outra que explique o mesmo dano. Esta última se coaduna com art. 403 do Código Civil que dispõe:

> Ainda que a inexecução resulte de dolo do devedor, as perdas e danos só incluem os prejuízos efetivos e os lucros cessantes por efeito dela direto e imediato, sem prejuízo do disposto na lei processual.

O dispositivo citado impõe a ideia de que se o dano não for imediato, direto à conduta[243] do agente, se dissolverá o nexo causal; logo, o dano deve ser rápido, não pode haver um lapso temporal hábil a desconfigurar o liame entre fato/conduta e lesão/dano.

Dallegrave Neto[244] adota esta interpretação, entendendo que esta é a melhor causalidade a ser aplicada, vez que considera como causa "não só o precedente necessário, mas também o adequado e imediato à ultimação concreta do resultado".

Entretanto, esta interpretação pode deixar desprovidas situações de ocorrência do dano, mas que, por não ter sido imediato, não será reparado ou satisfeito, razão pela qual há entendimentos pela conduta adequada, a qual amplia a ideia de nexo causal com base no princípio da razoabilidade, pois, por meio desta, toda vez que a conduta do agente for a causa do dano, mesmo que este não apareça imediatamente, deverá haver compensação.

Nas hipóteses que se configuram como responsabilidade civil objetiva, o nexo causal se instala pela relação etiológica entre a lesão ou dano e a atividade empresarial de risco, devendo a vítima provar que o dano emergiu desta atividade, não bastando, pois, apenas demonstrar que a empresa possui setores perigosos ou de risco[245].

Assim, denota-se a importância da demonstração do nexo causal para a imputação da responsabilidade civil, pois, uma vez que inexistir o liame de causalidade entre o fato praticado pelo agente ou pelo risco da atividade empresarial e o dano, será indevida qualquer reparação, podendo estar presente as excludentes de ilicitude.

A seara civilista dispõe de três causas excludentes de ilicitude: o caso fortuito e força maior, a culpa exclusiva da vítima e o fato de terceiro.

A primeira consiste em desconfigurar a ilicitude quando o dano decorrer de caso fortuito e força maior. Antigamente, a seara jurídica distinguia o caso

---

(243) Mesmo que omissiva.
(244) Ob. cit., p. 46.
(245) *Idem*, p. 46.

fortuito da força maior, entendendo que o primeiro é o evento causado pelo homem e o segundo o evento causado pela natureza; contudo, o parágrafo único[246] do art. 393 do Código Civil trata de ambos como sinônimos, sendo de natureza inevitável, não importando se o evento é previsível, bastando que não se possa evitar.

Assim, a discussão se restringiu à distinção entre o fortuito interno e externo, sendo o primeiro fato que tem ligação com a atividade da empresa, ou do causador do dano, quando é inerente ao agente ou empresa; já o segundo (externo) se configura quando o fato não possui qualquer relação com a atividade do causador do dano, ou seja, ocorre de fora pra dentro. Insta ressaltar que o art. 734[247] do Código Civil recepcionou o fortuito interno e também o externo ao prever a força maior que se configura como fortuito externo.

O art. 501 da CLT conceitua força maior como todo acontecimento inevitável em relação à vontade do empregador e para a realização do qual este não concorreu, nem direta, nem indiretamente.

Importante ressaltar a distinção de tratamento acerca da força maior dado pela CLT e pelo Código Civil, vez que este exclui a responsabilidade do agente pelos danos resultantes da força maior, enquanto a lei trabalhista traz regras específicas, como os arts. 501 e 502 que, aplicados analogicamente, verifica-se que a força maior não elide o direito à indenização pelo empregado, e será devida pela metade quando afetar substancialmente a situação econômica da empresa[248].

A segunda excludente decorre de fato exclusivo da vítima, ou seja, a própria conduta da vítima é que ensejou o dano. Muito embora não esteja prevista de forma específica na lei civil, a doutrina civilista e trabalhista têm acolhido esta hipótese.

Contudo, pode ocorrer a culpa concorrente ou autoria múltipla, que é aquela na qual duas ou mais condutas concorrem para produção do dano. Frise-se que, de acordo com art. 945 do Código Civil, o fato de haver vários autores do dano não é causa de exclusão do nexo causal, e sim, de redução do *quantum* a indenizar, vez que se verifica quem teve a conduta que gerou o dano, não se discutindo quem teve a culpa, se houve a culpa ou questões similares.

---

(246) "Art. 393. O devedor não responde pelos prejuízos resultantes de caso fortuito ou força maior, se expressamente não se houver por eles responsabilizado.
Parágrafo único. O caso fortuito ou de força maior verifica-se no fato necessário, cujos efeitos não era possível evitar ou impedir".
(247) O transportador responde pelos danos causados às pessoas transportadas e suas bagagens, salvo motivo de força maior, sendo nula qualquer cláusula excludente da responsabilidade.
(248) DALLEGRAVE NETO, José Affonso. Ob. cit., p. 48.

A terceira excludente de ilicitude é aquela em que o dano é provocado pela conduta de um terceiro, porém, somente quando esta hipótese se vestir de características semelhantes às da força maior, sendo inevitável[249].

No caso das relações de trabalho, quando o terceiro não for nem o empregado, nem o empregador, haverá a necessidade de comprovar se o agente foi o único causador ou participou de forma concorrente do dano sofrido, além de analisar se o terceiro não é preposto da empresa ou colega de trabalho da vítima, pois nestes casos a responsabilidade civil recairá diretamente sobre o agente e o empregador, por força da responsabilidade solidária prevista em lei[250].

Dallegrave Neto[251] ressalta ainda, ao citar Ripert, uma quarta excludente de ilicitude, que seria a chamada *cláusula de não indenizar* fixada no contrato: "a lei civil deve proteger o homem contra as suas próprias imprudências e, sobretudo, contra a surpresa do seu consentimento." Tal hipótese, porém, deve ser analisada com parcimônia.

3.1.4. Dano material, moral e estético

Dano pode ser conceituado como qualquer lesão a um bem tutelado pelo direito, podendo ser patrimonial, moral ou estético[252].

Para Martorell[253], daño (dano) "proviene del latín *damnum* y significa 'efecto de dañar', a su vez 'dañar' tiene su gênesis en la voz latina *damnáre*, que significa 'causar detrimento, dolor e moléstia', echar a perder algo".

O Código Civil argentino conceitua dano obrigacional em seu art. 519 como "el valor de la perdida que haya sufrido, y el de la utilidad que haya dejado de percibir el acreedor de la obligación, por la inejecución de ésta a debido tiempo"[254].

Na etiologia da responsabilidade civil, o dano é elemento essencial, supondo que a noção de dano a um interesse, ainda que não qualificado como direito subjetivo, origina a aplicação das regras inerentes à responsabilidade civil[255].

---

(249) RODRIGUES, Sílvio. *Direito civil* — responsabilidade civil. São Paulo: Saraiva, 2008. p. 333.
(250) Ob. cit., p. 333.
(251) *Idem,* p. 48.
(252) OLIVEIRA, Sebastião Geraldo. *Proteção jurídica à saúde do trabalhador.* São Paulo: LTr, 2002. p. 63.
(253) MARTORELL, Ernesto E. *Indemnización del dano moral por despido.* Buenos Aires: Hammurabi, 1994. p. 39.
(254) *Idem*, p. 39.
(255) PEREIRA, Caio Mario. Ob. cit., p. 54.

O dano pode ser de natureza material, quando lesar o patrimônio do ofendido ou moral, quando violar bem extrapatrimonial, direitos humanos da vítima. Entretanto, grande parte da doutrina vem acolhendo também a pretensão ao dano estético[256].

Na maioria dos casos, quando ocorre o dano material, a vítima pode conseguir a reparação do bem lesado para o *status quo ante*[257], ou seja, o ofensor pagará à vítima o exato valor do bem lesado, de acordo com o art. 944[258] do CPC[259].

Contudo, o dano material é mais extenso, atingindo os danos emergentes e os lucros cessantes, nos moldes dos arts. 402 e 403 do CPC, que dispõem:

> Art. 402. Salvo as exceções expressamente previstas em lei, as perdas e danos devidas ao credor abrangem, além do que ele efetivamente perdeu, o que razoavelmente deixou de lucrar.
>
> Art. 403. Ainda que a inexecução resulte de dolo do devedor, as perdas e danos só incluem os prejuízos efetivos e os lucros cessantes por efeito dela direto e imediato, sem prejuízo do disposto na lei processual.

Danos emergentes se configuram como os prejuízos oriundos da conduta, mesmo que omissiva, que causa a lesão. Os lucros cessantes são os ganhos que corriqueiramente afluiriam ao patrimônio da vítima, caso não tivesse havido o dano[260].

Martorell[261] explicita que para a doutrina argentina dano emergente é "al dano efectivamente sufrido por el acreedor con motivo del incumplimiento" e o lucro cessante se configura como "la ganância que há dejado de percibir el acreedor con motivo del incumplimiento", mas que os tribunais aludem estes termos "a todos los daños derivados del incumplimiento o del hecho ilícito".

Dessa feita, na ocorrência do dano patrimonial ou material, a vítima pode postular a reparação, para que o bem lesado retorne ao estado anterior, ou postular o ressarcimento no valor contabilizado de seu prejuízo ou indenização[262] (eliminar o dano), todavia, quando o bem lesado for extrapatrimonial, não haverá que se falar em indenização, já que os bens lesados (imateriais) não podem ter a lesão eliminada.

---

(256) GONÇALVES, Carlos Roberto. *Direito civil brasileiro*. São Paulo: Saraiva, 2007. p. 117.
(257) Estado anterior ao dano.
(258) Art. 944. A indenização mede-se pela extensão do dano.
(259) GONÇALVES, Carlos Roberto. Ob. cit., p. 117.
(260) PEREIRA, Caio Mario. Ob. cit., p. 54.
(261) Ob. cit., p. 39.
(262) Sem dano.

Tarefa não muito fácil é definir o que é dano moral, posto que se passa na esfera íntima do ser humano, ficando invisível a lesão do bem extrapatrimonial, partindo a doutrina a conceituá-lo com parâmetros que o distinguam do dano material.

Se dano se assemelha à lesão, moral é um conjunto de regras de conduta ou hábitos julgados válidos, em qualquer tempo ou lugar, para um grupo ou pessoa determinada[263]. A moral se baseia em convicções subjetivas do homem perdurando no tempo.

Kant[264] dispõe sobre a moral como a distinção entre o certo e o errado, que vai além do sentimento que o homem tem internamente do certo ou errado. Ressalta a existência de uma lei moral universal, na qual a razão do "certo" ou "errado" vale para todos e em qualquer época, prescrevendo comportamentos genéricos, universais, que não mudam com o tempo, daí, o entendimento de que a lei moral é um imperativo categórico.

Na ordem jurídica brasileira, não há uma previsão especifica do conceito de dano moral, existindo apenas o projeto de Lei n. 150/99, de autoria do senador Pedro Simon, que dispõe, em seu art. 1º: "Constitui dano moral a ação ou omissão que ofenda o patrimônio moral da pessoa física ou jurídica, e dos entes políticos, ainda que não atinja o seu conceito de coletividade".

Contudo, o citado dispositivo não define de forma satisfatória o dano moral, vez que fala do ato ou omissão que ofende o patrimônio moral, e isto seria o ato ilícito, além de não definir patrimônio moral. Muito embora não haja um conceito eficaz no direito, a ocorrência do dano moral pode ser sentida, e necessita de proteção jurídica, podendo ser considerada a violação dos direitos personalíssimos[265], sobretudo da dignidade da pessoa humana.

Diniz[266] entende que o dano moral é "a lesão de interesses não patrimoniais de pessoa física ou jurídica, provocada pelo ato lesivo. Qualquer lesão que alguém sofra no objeto de seu direito, repercutirá, necessariamente, em seu interesse".

A dignidade humana violada enseja a compensação, por ser o princípio maior que embasa outros princípios, os quais integram os direitos fundamentais dos cidadãos como o princípio da liberdade, da igualdade, da solidariedade e princípio da integridade psico-física, ou seja, ocorre dano moral quando há uma violação dos direitos existenciais, intrínsecos do homem.

---

(263) Definição encontrada no Dicionário Aurélio.
(264) KANT, Immanuel. Crítica da razão pura. *Os Pensadores*. Trad. Valério Rohden e Udo Valdur Moosburger. São Paulo: Nova Cultural, 1996. p. 28.
(265) Direitos como a honra, a imagem e a boa fama, entre outros.
(266) Ob. cit., p. 46.

Kant[267] já explicitava que na natureza existem duas espécies de bens, aqueles que são substituíveis, logo possuem um preço, e os que não tem preço por serem insubstituíveis, entre estes a dignidade humana; logo, não há como tarifar a dignidade humana, porém, quando violada, deve haver uma compensação ou satisfação.

Martorell[268] explicita sobre dano moral que:

> Es el que lesiona los sentimientos, y/o las afecciones legítimas de uma persona, siendo en um sentido lato, y em forma directa, insusceptible de apreciación pecuniaria. Debe hacerse la salvedad que algunos autores, por ejemplo Llambías, diferencian el dano moral del "agravio moral", considerando a este último um espécie agravada del dano moral al que entienden como gênero. Esta diferencia surge — a nuestro entender — como poco clara, no contando com el beneplácito de la doctrina.

Entretanto, a doutrina contemporânea não mais define o dano moral como a lesão a um sentimento ou abalo psicológico, obrigando a prova de um sentimento negativo, mas, sim, o reconhece como a lesão aos bens existenciais, aos direitos personalíssimos do ser humano, que viola a dignidade humana, deixando a comprovação do sentimento negativo apenas para fixação do *quantum* a se indenizar.

O critério de distinção entre o dano material ou moral não se encaixa na natureza ou índole do direito subjetivo atingido, mas, sim, no interesse, que é pressuposto desse direito, ou ao efeito da lesão jurídica, ou seja, o caráter da repercussão sobre o bem lesado, pois somente desse modo se poderia falar em dano moral, oriundo de uma ofensa a um bem material, ou em dano patrimonial indireto, que decorre de evento que lesa direito extrapatrimonial[269].

O dano moral pode ser direto ou indireto. Enquanto o primeiro se refere à lesão que visa a satisfação dos direitos da personalidade ou atributos da pessoa, o segundo se refere à lesão que provoca prejuízo a qualquer interesse imaterial, devido a uma lesão a um bem patrimonial da vítima[270].

Muito se discute se a pessoa jurídica pode postular dano moral, porém o STJ já se manifestou, por meio de sua Súmula n. 227, aduzindo que "a pessoa jurídica pode sofrer dano moral".

---

(267) Ob. cit., p. 28.
(268) Ob. cit. p. 39.
(269) DINIZ, Maria Helena. Ob. cit., p. 48.
(270) *Idem,* p. 48.

Resta indubitável que a pessoa jurídica não tem honra subjetiva, não podendo, pois, ser passível de calúnia ou injúria, porém, possui honra objetiva, devendo preservar sua boa imagem, sua credibilidade, as quais, quando violadas, configura a difamação, cabendo a compensação por dano moral, uma vez que houve uma lesão a bens juridicamente protegidos como o crédito comercial e a propriedade.

Alguns entendimentos esparsos não concordam com a Súmula do STJ, por entender que só cabe dano moral quando o bem violado é a dignidade humana e pessoa jurídica não possui dignidade, descabendo, pois, o dano moral. Sua maior fundamentação jurídica é de que os princípios protetores da pessoa jurídica se encontram no capítulo da ordem econômica e financeira (art. 170 e seguintes) da Constituição Federal, e os princípios protetores do ser humano estariam no capítulo das garantias e direitos fundamentais (art. 5º e seguintes), cabendo, apenas, satisfação por dano moral à pessoa do sócio, quando este tiver seus direitos imateriais violados.

Outrossim, questão de destaque é o dano moral ricochete ou reflexo, que é aquele em que os postulantes não foram propriamente as pessoas atingidas diretamente, e, sim, a memória de um ente querido falecido, a imagem do falecido, que, por reflexo, atinge a dignidade dos herdeiros que vêem a imagem do ente falecido sendo violada. Essa questão se originou com o art. 12, parágrafo único[271], e o art. 20, parágrafo único[272], ambos do Código Civil, que reconhecem a compensação por dano moral na figura do ricochete.

Atualmente, dano moral coletivo o que foi reconhecido timidamente após a promulgação da Constituição, vem ganhando reconhecimento no mundo jurídico como aquele que viola o princípio da solidariedade, provocando um dano ao meio ambiente, à ecologia, enfim, lesando um direito de toda a sociedade, por conseguinte, um direito transindividual e difuso.

---

(271) "Art. 12. Pode-se exigir que cesse a ameaça, ou a lesão, a direito da personalidade, e reclamar perdas e danos, sem prejuízo de outras sanções previstas em lei. Parágrafo único. Em se tratando de morto, terá legitimação para requerer a medida prevista neste artigo o cônjuge sobrevivente, ou qualquer parente em linha reta, ou colateral até o quarto grau".

(272) "Art. 20. Salvo se autorizadas, ou se necessárias à administração da justiça ou à manutenção da ordem pública, a divulgação de escritos, a transmissão da palavra, ou a publicação, a exposição ou a utilização da imagem de uma pessoa poderão ser proibidas, a seu requerimento e sem prejuízo da indenização que couber, se lhe atingirem a honra, a boa fama ou a respeitabilidade, ou se se destinarem a fins comerciais.

Parágrafo único. Em se tratando de morto ou de ausente, são partes legítimas para requerer essa proteção o cônjuge, os ascendentes ou os descendentes".

Comunga do reconhecimento deste tipo de dano Carlos Alberto Bittar Filho[273], ao aduzir:

> Vem a teoria da responsabilidade civil dando passos decisivos rumo a uma coerente e indispensável coletivização. Substituindo, em seu centro, o conceito de ato ilícito pelo de dano injusto, tem ampliado seu raio de incidência, conquistando novos e importantes campos, dentro de um contexto de renovação global por que passa toda a ciência do Direito, cansada de vetustas concepções e teorias. É nesse processo de ampliação de seus horizontes que a responsabilidade civil encampa o dano moral coletivo, aumentando as perspectivas de criação e consolidação da uma ordem jurídica mais justa e eficaz.

E segue definindo o dano moral coletivo e suas aplicações[274]:

> (...) a injusta lesão da esfera moral de uma dada comunidade, ou seja, é a violação antijurídica de um determinado círculo de valores coletivos (...) Quando se fala em dano moral coletivo, está-se fazendo menção ao fato de que o patrimônio valorativo de uma certa comunidade (maior ou menor), idealmente considerado, foi agredido de maneira absolutamente injustificável do ponto de vista jurídico: quer isso dizer, em última instância, que se feriu a própria cultura, em seu aspecto imaterial.

Cumpre aprofundar a questão envolvendo o dano moral coletivo pela controvérsia que vem causando na prática forense, pois enquanto o art. 6º, VI, do Código de Defesa do Consumidor prevê expressamente a reparação do dano moral coletivo, o Superior Tribunal de Justiça nega a validade jurídica desse tipo de dano moral.

Entretanto, o dano moral coletivo pode ser aplicado, sobretudo, com base no Código de Defesa do Consumidor (Lei 8.078/90) e na Lei da Ação Civil Pública (Lei n. 7.347/85), vez que o art. 82 do CDC legitima para propositura da ação coletiva em proteção dos direitos coletivos e difusos o Ministério Público, a União, os Estados e Municípios e o Distrito Federal, as entidades e órgãos da Administração Pública, ainda que sem personalidade jurídica, as associações constituídas regularmente há no mínimo um ano e o art. 1º, IV da LACP[275], que deve se adequar aos princípios do CDC, ou seja, conforme tais dispositivos, poder-se-ia ajuizar uma Ação Civil Pública

---
(273) BITTAR FILHO, Carlos Alberto. Do dano moral coletivo. *Revista de Direito do Consumidor*. São Paulo: Revista dos Tribunais, n. 12, p. 44-62, out.-dez. 1994, p. 110.
(274) *Idem*, p. 110.
(275) Lei de Ação Civil Pública.

visando a compensação do dano moral coletivo, no caso de lesão aos direitos difusos de difícil individualização. E o valor da compensação pode destinar-se a fundo específico que beneficia toda a coletividade lesada, pois, além de criar estímulos para a satisfação do bem coletivo que sofreu lesão, teria o caráter pedagógico, o qual abordaremos mais solidamente adiante.

Os casos mais frequentes de dano moral coletivo versam sobre exploração de trabalho infantil, dispensas coletivas discriminatórias, exploração de trabalho escravo, danos ao meio ambiente e práticas generalizadas de assédio moral organizacional ou abuso de poder[276].

Em 25 de agosto de 2006, foi veiculada no blog http://rsurgente.zip.net/index.html uma notícia envolvendo assédio moral coletivo, escrita por Marco Weissheimer[277]:

> A Ambev — Companhia Brasileira de Bebidas foi condenada a pagar R$ 1 milhão de indenização por assédio moral coletivo, informa o site Espaço Vital. A decisão foi tomada pelo Tribunal Regional do Trabalho da 21ª Região (RN) que considerou que a empresa praticava o assédio contra os empregados que não atingiam a cota de vendas. Vendedores que não atingissem as metas eram obrigados, por exemplo, a usar camisetas com apelidos impressos: boca de cavalo, caixa preta, saci, cabo cu de liga, "filó" (este destinado especificamente às mulheres). A indenização deve ser paga para o Fundo de Amparo ao Trabalhador. A ação por dano coletivo foi ajuizada pelo Ministério Público do Trabalho, que apontou a prática de condutas atentatórias à dignidade dos Trabalhadores.

Os tribunais trabalhistas, sobretudo o da Terceira Região (MG), vêm julgando favoravelmente ao dano moral coletivo, destinando o valor da indenização para o FAT, *in verbis:*

> AÇÃO CIVIL PÚBLICA TRABALHISTA. DANOS MORAIS COLETIVOS. A evolução do dano moral no nosso sistema jurídico permite, atualmente, com base na Constituição brasileira e nas leis que regulamentam a tutela coletiva, a condenação pertinente à reparação dos danos morais coletivos. Busca-se, com essa indenização, oferecer à coletividade de trabalhadores uma compensação pelo dano sofrido, atenuando, em parte, as consequências da lesão, como também visa a aplicar uma sanção pelo ilícito praticado. A indenização deve ser revertida ao Fundo de Amparo do Trabalhador (art. 13 da Lei 7.347/85), em razão de este ser destinado ao custeio de programas assistenciais dos trabalhadores. (TRT 3ª Reg., RO n. 0292-2004-112-03-00-4, Rel. Fernando Luiz Gonçalves Rios Neto. *DJMG:* 13.11.2004, p. 8).

---

(276) DALLEGRAVE NETO, José Affonso. Ob. cit., p. 54.
(277) *Idem*, p. 54.

Sem dúvida, além do dano moral coletivo, cabe a indenização individualizada para cada ofendido, vez que direitos personalíssimos e fundamentais da(s) vítima(s) foram violados, cabendo a respectiva compensação por dano moral.

Insta destacar que com a promulgação da Constituição Federal, por meio do art. 5º, incisos V e X[278], a compensação por danos morais, passou a ser independente da existência do dano material, ensejando casos específicos e exclusivos de satisfação por danos morais.

Entretanto, desde a Declaração dos Direito Humanos, sobretudo o já citado art. 1º e o art. 12[279] já garantiam a proteção dos direitos personalíssimos como a honra e a reputação, ensejando, pois, a compensação pelos danos morais.

A fórmula encontrada pelo ordenamento jurídico para reparar o dano moral foi a possibilidade jurídica de estipulação de uma compensação, não necessariamente pecuniária (apesar de ser, frequentemente, a mais adotada), para tentar amenizar o sofrimento da vítima. Essa sanção pelo dano moral poderá, inclusive, consistir em uma retratação, ou desagravo público, o que, de certa forma, também compensa a dor sentida pela vítima[280].

Além do dano moral, muito se discute sobre o dano estético, devido quando ocorre uma transformação anormal no corpo da pessoa, pois, além da perda estética, o desequilíbrio morfológico provocado por um ato ilícito de terceiro pode ensejar um trauma pelo desrespeito à integridade física e psíquica da vítima acarretando na violação da dignidade humana, visto que o princípio fundamental embasa as garantias fundamentais do respeito à integridade psico-física.

Na concepção de Diniz[281], dano estético é:

> (...) toda a alteração morfológica do indivíduo, que além do aleijão, abrange as deformidades ou deformações, marcas e defeitos, ainda que mínimos, e que impliquem sob qualquer aspecto um afeiamento da vítima, consistindo numa simples lesão desgostante ou num per-

---

(278) Art. 5º Todos são iguais perante a lei, sem distinção de qualquer natureza, garantindo-se aos brasileiros e aos estrangeiros residentes no País a inviolabilidade do direito à vida, à liberdade, à igualdade, à segurança e à propriedade, nos termos seguintes: (...) V — é assegurado o direito de resposta, proporcional ao agravo, além da indenização por dano material, moral ou à imagem; (...) X — são invioláveis a intimidade, a vida privada, a honra e a imagem das pessoas, assegurado o direito a indenização pelo dano material ou moral decorrente de sua violação.
(279) Art. 12: Ninguém será sujeito a interferências na sua vida privada, na sua família, no seu lar ou na sua correspondência, nem a ataques a sua honra e reputação. Todo o homem tem direito à proteção da lei contra tais interferências ou ataques.
(280) PAMPLONA FILHO, Rodolfo Mário Veiga. Ob. cit., p. 42.
(281) Ob. cit., p. 51.

manente motivo de exposição ao ridículo ou de complexo de inferioridade, exercendo ou não influência sobre sua capacidade laborativa.

Após a promulgação da Constituição Federal de 1988, a doutrina e a jurisprudência se intimidavam em cumular o dano moral com o estético, sob o argumento de que este estaria inserido naquele, contudo, após diversos apelos, o Superior Tribunal de Justiça vislumbrou a necessidade de pacificar o tema editando, em agosto de 2009, a Súmula n. 387, que dispõe: "É possível a acumulação das indenizações de dano estético e moral", oriunda do entendimento de que é permitido cumular valores autônomos a títulos destes dois danos, quando derivados do mesmo fato, e passíveis de reparação separada, com causas inconfundíveis[282].

E, por consequência, também admite-se a cumulação do dano moral ou do estético com o patrimonial, com embasamento na Súmula n. 37[283] do STJ, desde que o mesmo fato gerador acarrete em múltiplas consequências, gerando danos de distinta natureza, ensejando reparação cumulativa[284].

Assim, vislumbra-se que, na ocorrência do dano, ressalvadas as hipóteses de excludentes de ilicitude, haverá a obrigação de aplicar a responsabilidade civil com função reparadora, retornando o bem lesado ao *status quo ante*, ou, no caso do dano moral e estético, satisfazer de forma compensatória ou indenizatória. O grande conflito enfrentado pelo aplicador do direito é o *quantum* a se indenizar.

O ordenamento jurídico, sobretudo o Código Civil e o Código de Defesa do Consumidor, estabeleceram parâmetros e critérios para a satisfação ou indenização do dano em algumas hipóteses específicas, nas quais a prova irrefutável do dano patrimonial é de difícil demonstração, como nos casos de cobrança de dívida de forma antecipada ou inexigível (arts. 939 a 941 do CC e art. 42 do CDC); dano à vida ou integridade física da vítima (arts. 948 a 951 CC); dano oriundo do esbulho (art. 952 CC); dano oriundo da prática de injúria, difamação ou calúnia (art. 953 Código Civil); dano por ofensa à liberdade pessoal (art. 954 CC). Esses critérios objetivos servem apenas de base para o julgador no momento da fixação do *quantum*, todavia auxiliarão na redução ou no aumento do valor, de acordo com as agravantes ou atenuantes envolvidas nas circunstâncias do ato ilícito.

O art. 84 do Código Brasileiro de Telecomunicações (Lei n. 4.117/62) alinhava alguns critérios para a fixação do dano moral, todavia, o Decreto-

---

(282) Disponível em: <www.stj.gov.br>. Acesso em: 5 nov. 2009.
(283) "São cumuláveis as indenizações por dano material e dano moral oriundos do mesmo fato".
(284) ROBORTELLA, Luiz Carlos Amorim. Assédio sexual no emprego. Repressão penal e reparação civil. *Revista do Advogado* — AASP, São Paulo, ano XXII, n. 66, junho/2002, p. 30.

lei 236/67 o revogou. Este diploma, sobretudo pela revogação, não pode ser aplicado analogicamente em relações de outras naturezas, vez que trata de relações jurídicas peculiares, podendo apenas ser utilizados como diretrizes iluminadoras da autoridade jurisdicional, desde que aplicadas com adequação, razoabilidade e proporcionalidade[285].

Na realidade, a legislação é justa em ser omissa na tarifação do dano moral, vez que, pela natureza peculiar dos direitos imateriais de personalidade, resta impossível aplicar valores fixos e nominais a qualquer fato envolvendo tais direitos. Sobretudo em razão da natureza da indenização do dano moral, a qual visa compensar ou ressarcir financeiramente a vítima, a fim de trazer uma alegria em compensação ao sofrimento da dor, que é presumida[286].

Nesse sentido, a jurisprudência vem se firmando, *in verbis:*

> A indenização por dano moral deve ser fixada em valor razoável, de molde a traduzir uma compensação, e punir patrimonialmente o empregador, a fim de coibir a prática reiterada de atos dessa natureza (TRT/3ª Reg. — RO n. 9891/99 — Rela. Juíza Taísa Maria M. de Lima — *DJ* 20/05/2000, p. 16).

O art. 944 do Código Civil, anteriormente citado, prega a indenização ou reparação em conformidade com a extensão do dano, porém, para a aplicação do *quantum*, há de se observar dois critérios: a real extensão do dano, verificando qual o bem jurídico violado, dentro de uma escala de valores, como vida, liberdade, honra (quanto maior a escala, maior o valor da compensação); e o segundo critério é a condição pessoal da vítima, ou seja, como singularmente o dano afetou determinada vítima, considerando sua condição individualizada como ser humano único e peculiar.

Há ainda um outro critério não muito aceito por parte da doutrina, inclusive pelo jurista Dallegrave Neto, mas que possui, todavia, grande relevância a fim de evitar a reincidência do ofensor, que é o critério de cunho educativo e punitivo do agressor, visando a condição deste último, seu grau de participação ou culpa na conduta lesiva (quanto maior a culpa[287], maior o valor a ser fixado), outrossim, há de notar a condição econômica do ofensor, a fim de fixar um valor que desestimule a prática da reincidência. De acordo com esse critério pedagógico, quanto maior a culpa e o poder aquisito do ofensor, maior deverá ser o *quantum* indenizável, para que este aprenda que sua conduta (ou omissão) não deve ser repetida e que o valor a ser pago o desencoraje à prática da reincidência.

---

(285) DELGADO, Mauricio Godinho. Ob. cit., p. 303.
(286) DALLEGRAVE NETO, José Affonso. Ob. cit., p. 63.
(287) Ou o dolo eventual, que é aquele em que a pessoa não intencionou a lesão, mas esta era previsível.

Para parte da doutrina, o critério de fixação com caráter pedagógico ou punitivo estaria punindo duplamente o ofensor, conforme entendimento de Dallegrave Neto[288]: "Há parcela da doutrina que é refratária ao caráter punitivo da indenização civil, vez que um injustificável *bis in idem*, na medida em que o agente estaria sujeito a dupla punição, uma na esfera criminal e outra na cível".

Para Dellagrave Neto, a verificação da gravidade da culpa deve ser considerada para a fixação do *quantum*, estando já embutido o caráter sancionatório, pois se a culpa for leve ou levíssima, o juiz deverá reduzir o valor da indenização, o que significa: "quanto menor o grau de culpa do agente, menor a indenização punitiva[289]."

Há outra crítica aos que compartilham dessa corrente de resistência ao caráter punitivo como fixador do *quantum*, que é o argumento de que o Código Civil não pode aplicar uma "punição", vez que o princípio básico do Código Penal, que é o diploma legítimo para aplicação da pena, é que "não há pena sem lei anterior que a defina", porém, este princípio somente é aplicado para as penas restritivas de liberdade e se limita à esfera penal, sobretudo em virtude de que inexiste a necessidade de previsão para a ilicitude.

Ademais, muitos julgados vêm aplicando o binômio *necessidade da vítima* e *capacidade econômica do agente*, a fim de ter uma compensação satisfatória para a vítima e uma punição ao ofensor, *in verbis*:

> O valor da indenização por dano moral deve ser arbitrado pelo juiz (art. 1553 do Código Civil), atendendo ao duplo caráter da reparação, ou seja, o de compensação para a vítima e o de punição do agente. E, como critérios abalizadores, pesam a extensão do dano; a condição socioeconômico e cultural da vítima e a sua participação no evento; a capacidade de pagamento e o grau de culpabilidade do agente; dentre outros definidos pela doutrina, pela jurisprudência, e por normas pertinentes a hipóteses semelhantes (TRT/3ª Reg. — RO n. 15335/99 — Rel. Juiz Antonio Fernando Guimarães — *DJ* 29/03/2000, p. 20).

Maria Celina Bodim de Moraes[290] elucida com nitidez os parâmetros para fixação do *quantum* indenizatório, considerando os critérios utilizados pelo Superior Tribunal de Justiça:

> O STJ (...) tem sustentado sistematicamente que, na fixação do quantum reparatório, devem ser considerados os seguintes critérios objetivos: **a moderação, a proporcionalidade, o grau de culpa, o nível socioeconômico da vítima e o porte econômico do agente ofensor**. No espaço de maior subjetividade,

---

(288) Ob. cit., p. 63.
(289) *Idem*, p. 64.
(290) Ob. cit., p. 48.

estabelece, ainda, que o juiz deve calcar-se na lógica do razoável, valendo-se de sua experiência e do bom senso, atento à realidade da vida e às peculiaridades de cada caso. (g. n.)

Delgado[291] estabelece 5 (cinco) critérios necessários para a fixação do *quantum*: a) verificar a natureza do ato ofensivo (se é exclusivamente civil ou também penal; sua gravidade e o bem jurídico violado); b) a relação do ato com a comunidade (intensidade, repercussão); c) a pessoa do ofendido (posição familiar, política, comunitária; nível de escolaridade); d) a pessoa do ofensor (sua posição socioeconômica; ocorrência de práticas reiteradas; intensidade do dolo ou culpa); e) existência ou não de retratação espontânea por parte do ofensor.

Sem dúvida, no tocante ao montante indenizatório há de se observar um juízo de equidade, sensatez, isenção e imparcialidade por parte do julgador, e, se possível, fixação por arbitramento anelando os dispositivos constitucionais (art. 5º, V e X, e 7º, XXVIII) e infraconstitucionais (art. 944, CCB)[292].

3.2. RESPONSABILIDADE CIVIL DO EMPREGADOR NO CONTRATO DE TRABALHO

O contrato de trabalho, bem como a maioria dos contratos, possui uma função social, deve ser regido pela boa-fé contratual e deve respeitar a solidariedade contratual.

A solidariedade contratual pode ser entendida como uma negação da autonomia da vontade no prisma voluntarista e egoísta, além de aguçar a autonomia privada, evoluindo do Estado Liberal para o Estado Social, ensejando uma concepção contratual mais social do que individual[293].

A aplicação da solidariedade contratual e a função social do contrato se originam de diversos dispositivos, como o art. 1º, III e IV (princípio fundamental a dignidade humana e valor social do trabalho), o art. 3º, I e IV (objetivo fundamental como uma sociedade justa e solidária e sem discriminação), art. 170, III (função social da propriedade) e art. 193 (bem-estar e justiça social como primado ao trabalho) da CRFB.

No tocante à satisfação do dano decorrente da inexecução do contrato de trabalho é que a base jurídica se alicerça no respeito dos direitos existenciais ou da personalidade, alargando as hipóteses de responsabilidade civil objetiva do empregador como tendência à inversão da ordem geral, considerando a máxima tutela da vítima[294].

---

(291) Ob. cit., p. 303.
(292) *Idem*, p. 304.
(293) DALLEGRAVE NETO, José Affonso. Ob. cit., p. 51.
(294) *Idem*, p. 51.

Os danos sofridos pelos trabalhadores na esfera das relações trabalhistas, ressalvadas as verbas oriundas do contrato laboral, podem ser, num primeiro plano, as indenizações por dano moral ou à imagem e, em segundo plano, as indenizações por dano à segurança e saúde física e moral do empregado (lesões acidentárias), inclusive com efeitos conexos no dano estético[295].

As lesões acidentárias podem acarretar gastos implementados para a recuperação do trabalhador ou até mesmo a inviabilização da atividade laborativa, que configuram perda patrimonial, entretanto, podem causar também dano moral em face da violação da higidez física, mental, emocional que afetam a vida íntima privada e pública, a intimidade, a autoestima e a afirmação social, ensejando ofensa à honra e a dignidade do trabalhador[296].

A indenização acidentária prevista no art. 7º, XXVIII, da CRFB, relacionada à culpa ou ao dolo do empregador, em geral, parte de uma responsabilidade subjetiva, haja vista as condicionantes de culpabilidade contidas no referido preceito[297].

Compartilha deste entendimento Oliveira[298], ao auferir que "para o acolhimento da indenização acidentária, uma vez constatada a ocorrência dos danos, passa-se à etapa seguinte para verificar-se se também ocorreu um ato ilícito (culpa do empregador) e, ainda, se há uma ligação necessária entre esse ato e o dano, isto é, um nexo de causalidade".

No entanto, Oliveira[299] admite que "a tendência na doutrina recente é avançar para culpa objetiva, mesmo no caso de responsabilidade civil. Por essa teoria, basta a ocorrência do dano para gerar o direito à reparação civil, em benefício da vítima".

Delgado[300] entende que aplica-se a regra geral da responsabilidade subjetiva, mediante auferição de culpa do empregador, todavia, se a atividade normalmente desenvolvida pelo empregador implicar, por sua natureza, risco para os trabalhadores, incide responsabilidade objetiva, de acordo com o art. 927, parágrafo único, do CCB.

Insta ressaltar que o § 2º do art. 2º da CLT dispõe que compete ao empregador a assunção dos riscos da atividade empresarial, nos quais se insere o de zelar pela higidez física e mental dos que lhe prestam serviços,

---

(295) DELGADO, Mauricio Godinho. Ob. cit., p. 309.
(296) *Idem*, p. 309.
(297) VILLELA, Fábio Goulart. Ob. cit., p. 40.
(298) Ob. cit., p. 35.
(299) *Idem*, p. 36.
(300) DELGADO, Mauricio Godinho. Ob. cit., p. 309.

de maneira que se o trabalhador sofrer qualquer dano decorrente da relação de trabalho, caberá ao empregador compensar o dano sofrido[301].

A redução desses riscos e a manutenção de um ambiente de trabalho sadio e equilibrado é de responsabilidade do empregador, para que se cumpra o fim social da empresa, o princípio da solidariedade, o respeito à vida e à saúde do trabalhador, além do respeito à dignidade do trabalhador.

A Comissão Organizadora do Tribunal Popular sobre o Assédio Moral e Sexual nas Relações de Trabalho elaborou uma cartilha sobre o assédio moral no trabalho que resume a responsabilidade do empregador na manutenção de um ambiente de trabalho sadio e equilibrado e a obrigação do Poder Público de fiscalizar se o empregador vem cumprindo seus deveres nos moldes constitucionais:

> Hoje, o direito a um ambiente do trabalho saudável e o direito a uma vida boa e a obrigação do Poder Público de controlar a produção, a comercialização e o emprego de técnicas, métodos e substâncias que comportem riscos para a vida estão entre os valores expressos na Constituição da República Federativa brasileira em vários momentos: no Preâmbulo, nos incisos III e IV do artigo 1º, nos artigos 6º e seguintes, que tratam dos direitos sociais, nos artigos 194 e seguintes, que tratam da seguridade social, nos artigos 205 e seguintes, que tratam da educação e cultura, no artigo 225, que trata do meio ambiente, e nos artigos 226 e seguintes, que tratam da família, da criança, do adolescente e do idoso. Não poderia deixar de ser citado, ainda, o artigo 193, que estabelece que a ordem social tem como base o primado do trabalho e como objetivo o bem-estar e a justiça social. Além disso, ao tratar da atividade econômica, em seu artigo 170 estabelece, como princípio, a função social da propriedade, a defesa do meio ambiente e a busca do pleno emprego.

Este arcabouço de dispositivos e normas vem ao encontro dos direitos sociais dos trabalhadores, sobretudo o direito à redução dos riscos inerentes ao trabalho, por meio de normas de saúde, higiene e segurança prevista no artigo 7º, XXVIII, da CRFB.

O empregado não concorre com qualquer risco, na celebração do contrato de trabalho, no entanto possui o direito de permanecer incólume em seu patrimônio físico, moral e econômico. Logo, um dano qualquer dessa natureza, decorrente da relação laboral, ensejará a responsabilidade daquele que assumiu os riscos da atividade, ou seja, o empregador[302].

---

(301) DALLEGRAVE NETO, José Affonso. Ob. cit., p. 310.
(302) *Idem*, p. 310.

Na hipótese do dano decorrer de culpa exclusiva do trabalhador, de força maior, a responsabilidade de indenizar ou compensar a vítima não será do empregador, porquanto rompido um dos pressupostos necessários para a verificação da responsabilidade civil: o nexo de causalidade, vez que a lesão não se coaduna com um ato ilícito do empregador.

Para melhor elucidação das hipóteses em que o empregador é responsável pelo dano, tenha este sido praticado por prepostos ou até mesmo por terceiros, insta uma análise das hipóteses e limites da responsabilidade do empregador, notadamente da instituição de ensinos privado.

Capítulo IV

Responsabilidade das universidades privadas no tocante ao ato ilícito praticado pelos alunos

4.1. OS ATORES NO AMBIENTE EDUCACIONAL

Os principais atores no cenário do ambiente educacional são os alunos, os professores e a instituição de ensino representada por seus diretores ou coordenadores, contudo, neste trabalho, focaremos a instituição de ensino superior privada.

Inicialmente, abordaremos a figura do aluno, que é considerado um consumidor dentro da relação jurídica de consumo enraizada pela prestação de serviços educacionais. A princípio, o aluno/cliente se compromete por meio de contrato de prestação de serviços educacionais a receber boa qualidade e presteza no ensino superior[303].

Salvo raras exceções, no mundo contemporâneo, esses alunos são detentores de um vocabulário pobre, com um universo linguístico que transita do mundo da palavra para o da imagem, o que denota a excessiva exposição à televisão e a precária prática da boa leitura[304].

Esta carência dos alunos da modernidade já se tornou um problema cultural, vez que a ausência de aprofundamento nos movimentos históricos, políticos do país e do mundo, na fase do ensino médio e fundamental, constrói cidadãos apáticos e indiferentes às mudanças, incapazes de colaborarem efetivamente com o papel da cidadania, valorizando em demasia o "ter" em contrapartida do "ser", buscando fórmulas prontas para resolverem a questão que se apresenta.

---

(303) PEREIRA, Caio Mário da Silva. Ob. cit., p. 81.
(304) AGUIAR, Roberto A. R. de. *Habilidades:* ensino jurídico e contemporaneidade. Rio de Janeiro: DP&A editora, 2004. p. 202.

Não se vislumbra no ambiente educacional da modernidade, em especial nas instituições de ensino privada, uma educação investigativa, interrogatória sobre as formas usuais de conduta, sobre as verdades do universo educacional, conforme pregava Foucault.

Aguiar[305] resume os anseios gerais dos jovens alunos da modernidade, os quais, até para contestar ou enfrentar algo complexo, buscam ferramentas no consumo de vestimentas, artefatos mercantilizados, buscando nestes objetos uma afirmação, e, por consequência, consumindo mercadorias.

A sociedade de consumo dispersa nossa juventude, a atração para o consumo engendra sonhos curtos que se exaurem na simples aquisição do bem desejado e já lança a pessoa na busca de outros desejos. Não há fruição do bem, mas fruição da compra. De certa forma, podemos dizer que essa é a grande religião do presente representada pelos graus hierárquicos dos bens possuídos e pela frequência aos templos comerciais dos *shoppings,* aliás, muito parecidos com a venda de salvação de certas denominações religiosas[306].

Por conseguinte, no ambiente educacional, o aluno acaba desempenhando condutas de um alienado político e social, alheio às transformações do mundo e ao que realmente importa. Especialmente nas univerisdades privadas, se restringe a cobrar a presença dos professores na aula, cobrar o cumprimento estrito do horário, mesmo que não permaneça na aula em tempo integral e um alto padrão de qualidade de ensino, que implica na facilidade das avaliações.

O outro ator do ambiente da educação é o professor, profissional do magistério encarregado de transmitir, pessoalmente, conhecimentos. Logo, o professor é, na grande maioria dos casos, empregado da instituição de ensino, vez que precisa prestar serviços pessoalmente, de forma habitual, onerosa e sob a dependência da instituição de ensino, nos moldes do art. 3º da CLT[307].

Apesar de o art. 317 da CLT dispor que para o exercício do magistério no ensino particular necessitará habilitação legal e registro no Ministério da Educação, a legislação pátria vigente não exige nenhuma peculiaridade, dispensando o diploma de Pedagogia ou mesmo disciplina relacionada a metodologia do ensino[308].

---

(305) *Idem*, p. 202.
(306) SANTOMAURO, Beatriz. Cyberbulling. *Revista Nova Escola*. São Paulo: Abril — junho/julho 2010. p. 17.
(307) LIMA, Francisco Gérson Marques de. *Proteção do direito do trabalho aos professores universitários*. Fortaleza: Editora Adunifor, 2007. p. 43.
(308) *Idem,* p. 43.

Há casos de professores que lecionam eventualmente, se configurando como autônomos, mormente os professores de cursos preparatórios para concursos públicos ou exames da OAB, entretanto, quando lecionam em instituições de ensino, cuja finalidade precípua é a educação e não o ensino, sendo objeto de fiscalização do MEC, o professor tem que ser empregado, haja vista sua natureza de profissional intelectual, porém, cuja função é tradicionalmente desempenhada como trabalhador subordinado, em caráter *intuitu personae*[309].

Por conseguinte, os professores de universidades privadas são empregados destas, porém, fazem parte do cenário educacional, haja vista ser por meio deles que a universidade presta seu principal serviço ao aluno consumidor.

Os outros atores são os representantes das universidades[310], aos quais neste trabalho, nos restringiremos, na análise da educação privada, especialmente em nível superior. Tais representantes, em sua maioria, são os diretores destas instituições, os quais, no âmbito privado, acabam desempenhando o papel de empresários ou prepostos na direção da empresa educacional, desvirtuando seu fim precípuo, que é a educação de qualidade para seus alunos, em razão da busca do aumento da rentabilidade[311].

Estes gestores não foram informados das obrigações do mundo moderno, as quais englobam direitos e deveres dos alunos e dos que estão sob sua proteção. Na sua maioria, os gestores são fruto de indicação política ou escolhidos por características que não consideram a capacidade de gestão ou de direção de uma instituição educacional que visa resultados, tanto é que este tema tem sido tratado em literatura específica sobre responsabilidade civil dos gestores e dos estabelecimentos de ensino, na Argentina[312].

Aguiar[313] apresenta um perfil mais negativo e pessimista das universidades privadas, porém, em grande parte, fiel retrato das instituições no mundo contemporâneo:

> As direções acadêmicas nas escolas privadas vivem uma tensão com as mantenedoras dessas instituições. O critério fundante dos cursos é sua rentabilidade com superávit, independentemente de qualidade. Nem mesmo operadores jurídicos para o capitalismo, que dizem

---

(309) *Idem*, p. 44.
(310) É um local de aprendizagem, com estratégias que possibilitam o desenvolvimento social e intelectual do estudante.
(311) SANTOMAURO, Beatriz. Ob. cit., p. 30.
(312) SAGARNA, Fernando Alfredo. *Responsabilidade civil de los docentes y de los institutos de enseñanza* — doctrina y jurisprudencia. Buenos Aires: Ediciones Depalma, 1996. p. 51.
(313) Ob. cit., p. 51.

defender, essas escolas desenvolvem, em negação aos seus alegados pressupostos. Os diretores ou se tornam marionetes, tentando dar um ar de legitimidade a uma estrutura medíocre, ou permanecem por não terem capacidade de receber mais, ou, então, abandonam o posto, atirando e se dedicando a outras atividades diferentes do ensino. A suposta empresa educacional é um engodo, pois pouco é investido nas atividades-fim dos cursos, tornando-os geradores de caixa para outras ações. Isso significa dizer que em grande parte das empresas educacionais o ensino, a pesquisa e a extensão não têm importância. O fundamental para esses cursos é a propaganda e o investimento em coisas, em aparências, em suntuosidades a fim de criar uma aparência de solidez. Essa preocupação é tão grande, que em certos cursos de direito adentraram e tomaram *shopping centers,* traduzindo com esta conduta o espírito que os anima. As paredes, janelas, portas, centros comerciais internos, informatização de serviços de cobrança são apresentados como avanços, enquanto os professores e mesmo a própria direção são deixados de lado, pois pouco interessa o lado humano, a produção de conhecimento. Aliás, autoridades aposentadas são interessantes para ocupar essas direções, pois seu nome dá um *status* ao curso, ao mesmo tempo em que não são exigentes como os professores jovens, nem resistentes ao dia a dia medíocre dessas escolas.

Indubitavelmente, esta análise dos representantes das instituições de ensino privado, sobretudo das universidades, é negativa em demasia, contudo, no atual cenário em que as universidades privadas proliferam a cada ano, aumentando a competitividade, o agradável aos olhos, ou seja, a aparência da universidade tem sido um dos principais fatores de investimento, na busca dos olhares consumistas e materialistas.

4.2. A RELAÇÃO JURÍDICA ENTRE OS ATORES NO ENSINO SUPERIOR PRIVADO

A relação jurídica que vincula as instituições de ensino, sobretudo as universidades privadas, que são o foco do presente estudo, e os alunos, caracteriza-se como de consumo, haja vista que a natureza jurídica delas é a de prestação de serviços mediante uma remuneração.

Fernandes[314] reflete com clareza a metamorfose sofrida pela ideia da escola e sala de aula, as quais, antes, traziam uma lembrança de aconchego, mas atualmente, estão carentes de espaços democráticos e civis:

---
(314) FERNANDES, Florestan. O desafio educacional. *Jornal de Brasília* de 23.3.2989. São Paulo: Cortez: 1989. p. 22-24.

A revolução na escola e pela escola ficou nas utopias dos pioneiros da escola nova e dos pedagogos que os sucederam. A escola — e por meio dela a sala de aula — continuaram presas a uma concepção predatória da pessoa que é mandada. A burocratização criou ardis e abismos imprevisíveis e permanecemos com a carência de uma filosofia de educação democrática, que floresça de baixo para cima (da sala de aula para a escola e desta para a sociedade e para as terríveis "autoridades do ensino"), e de dentro para fora (da sala de aula e da escola para a comunidade e para a sociedade civil como um todo).

No entanto, a ideia da escola ou da universidade é uma confluência de contradições também sob a ótica das relações de trabalho dos atores do ambiente educacional, e democratizar este ambiente á tarefa gradativamente árdua, na medida em que os valores passam por sensíveis transformações[315]:

> Por isso, a sala de aula fica na raiz da revolução social democrática: ou ela forma o homem livre ou ficaremos entregues, de forma mistificadora, a um antigo regime que possui artes para readaptar-se continuamente às transformações da economia, da sociedade e da cultura. Dissociar a sala de aula de seu empobrecimento e deterioração brutais é a saída para gerar a escola de novo tipo que, por sua vez, desencadeará e aprofundará a renovação de mentalidade que carecem os de baixo e os de cima.

A palavra relação é derivada do latim *relatio*, que significa referir; logo, relação é uma referência entre o aluno e a universidade e, por ser uma relação social, dela deriva relevância jurídica transformando-se em relação jurídica. Desse modo, denota-se que a relação jurídica de consumo pela prestação de serviços educacionais dispõe de dois pressupostos: "a) a existência de, pelo menos, duas pessoas; b) a presença de norma de consumo por serviços escolares superiores"[316].

O art. 2º do CDC conceitua consumidor como "toda pessoa física ou jurídica que adquire ou utiliza produto ou serviço como destinatário final". Já o art. 3º do mesmo diploma conceitua fornecedor como "toda pessoa física ou jurídica, pública ou privada, nacional ou estrangeira, bem como os entes despersonalizados, que desenvolvem atividades de produção, montagem, criação, construção, transformação, importação, exportação, distribuição ou comercialização de produtos ou prestação de serviços".

---

(315) *Idem,* p. 24.
(316) PEREIRA, Caio Mário. Ob. cit., p. 84.

O art. 3º, § 2º, do CDC define "serviço" como qualquer atividade fornecida no mercado de consumo, mediante remuneração, inclusive as de natureza bancária, financeira, de crédito e securitária, salvo as decorrentes das relações de caráter trabalhista.

Diante de uma definição tão ampla e genérica, pode-se imputar a relação universidade-aluno como uma relação de consumo, em face da remuneração paga pelo discente a fim de obter a prestação de serviços educacional.

A mercadoria vendida pelas universidades privadas é a aula, sem qualquer preocupação com a pesquisa, tampouco com a qualificação do docente[317].

Duarte[318] assim expõe, ao concluir pela definição de prestação de serviço como "*quaisquer atividades fornecidas no mercado de consumo mediante remuneração, não resta dúvida que os serviços de ensino, caracterizam-se como típica prestação de serviços*".

Por conseguinte, uma das mais calorosas discussões desta conclusão resulta da ideia de que as instituições de ensino privado, no seu papel de fornecedoras, têm sido alvo de preocupações e pesquisas por parte dos juristas, vez que, muito embora regidas pelo CDC, por tratar-se de uma relação de consumo, o Código Civil em vigor imputou a responsabilidade objetiva aos fornecedores prestadores de serviço, admitindo apenas a exceção da força maior ou da culpa exclusiva da vítima, por romperem o nexo de causalidade[319].

Pereira[320] prevê expressamente a figura do aluno como consumidor da universidade particular:

> Ser aluno na universidade particular por força de um contrato de prestação de serviços é estar em relação de fato (universidade/aluno ou vice-versa) que a regra jurídica de consumo faz ser relação jurídica. Há de ser realçado que muitas relações da vida são irrelevantes para o direito. Por exemplo: relação de amizade, inimizade e muitas outras. Sempre que a regra jurídica de consumo recai sobre a relação pela prestação de serviços educacionais, diz-se básica ou fundamental a relação jurídica. A incidência da regra de consumo é como uma pedra angular. Se a relação sobrevém à incidência e dela decorre, é no campo da eficácia, então, o direito do consumidor trata-a como criação sua, admitindo alterações que não seriam admissíveis no mundo dos fatos.

---

(317) AGUAIR, Roberto. Ob. cit., p. 206.
(318) Ob. cit., p. 37.
(319) GONÇALVES, Carlos Alberto. Ob. cit., p. 110.
(320) Ob. cit., p. 85.

Contudo, as teses desenvolvidas sobre esta relação jurídica se restringem ao dano provocado ao aluno, sobretudo pela direção das educadoras, o que não é objeto de pesquisa deste trabalho, todavia demonstra de forma insofismável a configuração do aluno como cliente da instituição de ensino ou universidade particular.

Por consequência, uma vez que o aluno consome os serviços fornecidos pela universidade, esta se dedicará ao máximo em manter este cliente que lhe paga a remuneração.

Em contrapartida, temos do outro lado a relação entre universidade e professor, que se configura pelo liame laboral, vez que o professor se subordina às regras e condições impostas pela empresa, cuja suposta natureza é a de ensino qualificado.

Especialmente no ensino superior privado, não é requisito necessário que o professor tenha cursado magistério ou pedagogia, bastando domínio da matéria a ser lecionada e técnicas pedagógicas. Desse modo, os riscos do empreendimento, como em todo contrato de emprego, correm por conta da instituição de ensino, não podendo recair sob o professor empregado qualquer responsabilidade pelo insucesso da iniciativa[321].

O professor, sobretudo das universidades privadas, é um empregado celetista, um operador taylorista da linha de montagem das aulas, que recebe por hora, em regra. Em virtude da falta de incentivo por parte das universidades na carreira docente, o professor não se estimula em se aperfeiçoar, restando condenado a uma ciranda que o obriga a ministrar diversas aulas em diferentes instituições de ensino para complementar sua renda, ou mesmo para ter uma grife de apresentação profissional em outras áreas da profissão[322].

Devido à proliferação das instituições de ensino superior, em especial dos cursos de direito, a procura por professores dessa área aumentou, ensejando na contratação de professores improvisados, discursadores com informações repassadas, sem receberem das faculdades qualquer instrumento de aperfeiçoamento jurídico[323].

Muitas destas instituições agravam a problemática ao pressionar os professores a ministrarem disciplinas que não dominam, a fim de que não tenham que contratar nova mão de obra intelectual, o que induz estes profissionais a perderem horas de estudo na preparação das aulas da nova disciplina e o expondo à falta de familiaridade com o conteúdo, o que, uma vez percebido pelos alunos, pode manchar a imagem profissional do professor.

---

(321) LIMA, Francisco Gérson Marques de. Ob. cit., p. 133.
(322) AGUIAR, Roberto. Ob. cit., p. 206.
(323) *Idem*, p. 209.

Insta salientar que o professor acaba aceitando esta condição em face de sua hipossuficiência como empregado, pois é certo que a recusa em ministrar aulas em disciplinas que não domina, todavia que foram "impostas" pelo dirigente da instituição (coordenador ou diretor) pode a curto prazo, prejudicar sua condição no contrato de trabalho, induzindo, num quadro extremo, a dispensa do profissional.

Somado a isso, é consabido que os professores possuem atividades extraclasse, nos horários que antecedem e sucedem a preleção de aulas, muitas vezes mais intensas do que meramente ministrar uma aula, como preparar aulas, corrigir provas, comparecer às reuniões pedagógicas, ao Conselho de Classe entre outras. E, apesar de vedado no direito brasileiro o enriquecimento ilícito, muitas instituições de ensino privadas exigem este tipo de trabalho sem a contraprestação de salário[324].

Além dessa pressão, o professor na atualidade se distancia cada vez mais do exercício do trabalho que se interliga à vida digna, conforme pensamento de Marx, se aproximando gradativamente do trabalho assalariado, da ideia taylorista segundo qual tal profissional se vê obrigado a assumir turmas cada vez maiores, com perfil de alunos muito heterogêneo, diversidade de tarefas como preparação de aulas, correção de provas, participação de reuniões, e, em muitos casos, a complementação da renda com a busca de outros empregos, sem deixar de ressaltar, como lembra Lima[325], a tarefa de se adequar ao perfil de cada turma, procurar superar as dificuldades de cada aluno (agindo como psicólogo), além dos problemas físicos como o uso exacerbado das cordas vocais, dores nas pernas e coluna pelo excesso de tempo em pé, entre outros.

Este processo de massificação do serviço do professor o desumaniza, obrigando o docente o trabalhar em série para alcançar a produtividade almejada pelo empregador, vendo-se obrigado a renunciar à atribuição de ensinar com qualidade, estimular e desenvolver o espírito crítico dos alunos para dedicar-se às obrigações burocráticas impostas pelas instituições de ensino. Nesse sentido, Freire[326] retrata com peculiaridade e transparência a situação em que o docente se depara:

> A produção em série, como organização de trabalho humano é, possivelmente, dos mais instrumentais fatores de massificação do homem no mundo altamente técnico atual. Ao exigir dele comportamento mecanizado pela repetição de um mesmo ato, com que realiza uma parte apenas da totalidade da obra, de que se desvincula, "domestica-o".

---

(324) OLIVEIRA, Sebastião Geraldo. Ob. cit., p. 156.
(325) LIMA, Francisco Gérson Marques de. Ob. cit., p. 134.
(326) Ob. cit., p. 97.

Não exige atitude crítica total diante de sua produção. Desumaniza-o. Corta-lhe os horizontes com a estreiteza da especialização exagerada. Faz dele um ser passivo. Medroso. Ingênuo. Daí, a sua grande contradição: a ampliação das esferas de participação e o perigo de esta ampliação sofrer distorção com a limitação da criticidade, pelo especialismo exagerado na produção em série. A solução, na verdade, não pode estar na defesa de formas antiquadas e solução objetiva de seus problemas. Nem pode estar na nutrição de um pessimismo ingênuo e no horror à máquina, mas na humanização do homem.

O excesso de exigências e a expectativa sobre o professor acarretam o congelamento na dedicação qualitativa da prática de ensino, e o professor se vê obrigado a cumprir todas as metas burocráticas e formais impostas pelas instituições, na busca do critério quantitativo, não restando tempo hábil para o cumprimento com afinco da prestação educacional satisfatória e com excelência que ensejam o exercício de cidadania dos professores e de seus alunos.

Nas instituições privadas, "os professores com título se tornam diretores, coordenadores, chefes de departamento". Os professores novos são forçados a ministrar muitas aulas, a fim de não valorizar em demasia a atividade do docente, além do risco da substituição de docentes reivindicadores por um ávido exército de reserva[327].

Inobstante a relação puramente laboral entre universidade privada e professor, em todos os seus aspectos, resta indiscutível que este profissional deveria ter reconhecido o direito ao adicional de penosidade, muito embora o art. 7º, XXIII[328], da CF careça de regulamentação legal[329].

Para Aguiar[330], as universidades privadas não priorizam suas preocupações com tais problemas, colocando em último nível a política pedagógica, a pesquisa, a docência e a formação dos cidadãos pensantes e profissionais, pagando mal os professores, priorizando apenas o setor de cobrança, buscando aumentar o número de alunos por classe, com intuito de aumentar o lucro e financiar outros cursos deficitários.

Estudos demonstram que a problemática envolvendo a relação jurídica entre universidades e seus professores tem atingido patamares tão alarmantes que a pressão exacerbada sob os professores está induzindo a um

---

(327) AGUIAR, Roberto. Ob. cit., p. 206.
(328) Art. 7º São direitos dos trabalhadores urbanos e rurais, além de outros que visem à melhoria de sua condição social: (...) XXIII — adicional de remuneração para as atividades penosas, insalubres ou perigosas, na forma da lei";
(329) LIMA, Francisco Gérson Marques de. Ob. cit., p. 184.
(330) Ob. cit., p. 210.

problema geral de enfermidade, devido ao excesso de burocracia (fichas avaliativas temporárias, formulário de comunicação com os coordenadores, conselhos de classe), trabalho em casa em demasia (preparação e correção de tarefas, provas e avaliações diversificadas, planejamentos, projetos), excesso de indisciplina em sala de aula, salário baixo (que nem sequer contempla o trabalho extra-classe, sobretudo aquele realizado aos finais de semana e feriados), violência verbal (na sala de professores, durante seu descanso) e violência moral (comparações entre diferentes níveis de ensino, entre professores) entre outras[331].

Inobstante esta complexa relação jurídica, os problemas tendem a se agravar diante da relação aluno/cliente e professor, vez que a maioria dos alunos de universidades privadas pensam que o professor é seu empregado, apenas pelo fato de o estudante estar pagando para ter aulas.

De acordo com uma reportagem da revista *Veja*, edição 1904, de 11 de maio de 2005, constatou-se que a relação jurídica entre o aluno de ensino privado e o professor vem sofrendo um fenômeno de subversão do senso de hierarquia, na qual os alunos creem que os professores são pessoas pagas para trabalhar para eles. Diante de tal crença, os alunos ignoram a presença do professor, são indisciplinados, e as escolas agem como se a lógica do comércio — o freguês sempre tem razão — tenha validade dentro da sala de aula[332].

Este fenômeno de desrespeito e violência vem crescendo no cenário educacional, sobretudo na tratativa dos alunos de escola ou universidades privadas e seus professores, em face da precisa configuração de consumidor do aluno, que deve ser preservado pela instituição a qualquer custo, valorizando de forma exacerbada a presença do aluno na instituição, o que dá margem para aqueles menos educados a agirem de forma soberba e insubordinada perante o professor, prestador de serviços que figura como intermediário direto na relação jurídica existente entre aluno e instituição privada.

O professor acaba visto como empregado tanto do aluno quanto da universidade e na concepção de ambos tem que agir conforme mando de quem lhes paga a remuneração, de acordo com depoimentos extraídos da citada reportagem da *Veja*:

> A diferença é que, hoje, em muitos casos, a relação comercial entre a escola e os pais se sobrepõe à autoridade do professor. "Ouvi em

---

[331] Reportagem O professor está doente, extraída do site <http://www.geomundo/sala-dos-professores>, criado por Washington Luiz Alves da Silva, acessado em: 4 dez. 2009.
[332] Fonte: Reportagem Com medo dos alunos — Educação/Revista *Veja*, Edição 1904, de 11 de maio de 2005.

muitas reuniões com coordenadores o lembrete de que os pais e os alunos devem ser tratados como clientes e, como tais, têm sempre razão", diz Iole Gritti de Barros, de 54 anos, professora aposentada. Durante 33 anos ela ministrou aulas de história para alunos da 5ª série em colégios particulares de São Paulo. Em algumas escolas, o temor de desagradar aos pais e perder os alunos acaba se sobrepondo à necessidade de impor ordem na sala de aula. A postura leniente com a disciplina explica-se, em parte, pelo número crescente de carteiras vazias. Em cinco anos foram abertas 2.000 novas instituições particulares de ensino fundamental e médio, enquanto a quantidade de alunos permaneceu inalterada.

A problemática se agrava quando, ao perceber sua importância para a universidade, o aluno passa a se sentir controlador da situação e, ao identificar o professor como um empregado a seu serviço, inicia uma relação perversa por meio de um processo crescente de agressão a professores.

Enquanto na maioria dos serviços prestados todos atores sabem os limites de sua atuação, e quando insatisfatórios mudam para o concorrente, na relação aluno-professor esta afirmação não é a realidade, vez que trata-se de serviços que se perpetuam no tempo e têm um terceiro ator, a instituição de ensino, que configura como fornecedora do aluno e empregadora do professor.

Na relação educacional, o professor não é apenas avaliado pelo cliente quanto à qualidade de seus serviços, como ocorre frequentemente nas demais relações. Nesta, o professor é constantemente avaliado pela universidade, por uma boa qualidade de ensino, e pelo aluno, para que permita que ele passe para o próximo ano sem qualquer esforço, e pelo mercado, estimulando um trauma no professor, que teme não agradar a todos seus avaliadores, fazendo-o esquecer que a educação é uma via de mão dupla, ou até tripla ou múltipla.

Este quadro enseja um reflexo direto no tratamento do professor de uma Instituição de Ensino Superior (IES) particular, vez que, na busca do lucro satisfatório, com a ascensão do número de alunos, as instituições privadas, em seu papel de empregadoras, pressionam os docentes a elaborar manobras e peripécias para atrair e satisfazer os alunos. Outrossim, com o escopo da preservação dos lucros, no caso de redução do quadro de discente, as universidades nem sequer receiam em cortar inicialmente os gastos com sua principal mão de obra, o professor, esquecendo-se que este trabalhador é possuidor de direitos fundamentais que devem ser respeitados, para sua existência digna, mormente o direito a um meio ambiente laboral equilibrado para o exercício efetivo do direito ao trabalho como culme de sua cidadania.

Na busca de ofertar serviços mais atrativos aos alunos, a fim de se sobressair na crescente concorrência oriunda do desenfreado número de universidades particulares, a instituição olvida que o docente deve ter respeitada sua dignidade, devendo ser esta um fim em si mesma, e não um objeto instrumental que auxilia a angariar e a manter clientes satisfeitos por possuírem liberdade irrestrita, boas notas sem grande esforço e a capacidade de ditarem as regras dentro e fora da sala de aula, mesmo que com isso possa prejudicar a figura do professor em seu papel de empregado e ser humano, obstaculizando o pleno exercício e respeito à sua dignificação.

O professor vê-se obrigado a fazer com que o aluno fique satisfeito e tenha interesse pelo estudo, sendo julgado e pressionado a ter títulos, ser didático, publicar livros e artigos científicos e a lograr com que o aluno desperte o gosto pela leitura e aprendizagem, mesmo que este tenha passado toda sua vida sem dedicar-se à tarefa de aprender, em razão de nunca ter-lhe sido impostas e respeitadas regras mínimas de estudo.

Aliás, mesmo quando as universidades impõem regras mínimas, que devem ser observadas pelos alunos, são elas consideradas tão dúcteis que o estudante passa a olvidar-se da noção de limites e, por vezes, a invadir a esfera íntima do professor que não condiz com suas ideologias e acepções.

Diante deste cenário, cabe ao direito ordenar parâmetros que visem a proteção e a harmonia destas relações, e, para tanto, analisaremos as regras da responsabilidade civil das instituições de ensino privadas dentro de todo contexto.

4.3. A RESPONSABILIDADE CIVIL DAS UNIVERSIDADES PRIVADAS

Sagarna[333] faz uma distinção entre as instituições públicas e privadas e suas respectivas responsabilidades, considerando um caso como relação contratual e outro como extracontratual:

> A esta altura o leitor se perguntará o porquê de tal distinção, se como vimos, para determinar a aplicabilidade do regime extracontratual que oferece ao art. 1117 (Código Civil), é necessário indagar se existe ou não um contrato de ensino. Esse acordo fará que tal regime seja inadmissível e que seu descumprimento se regule pelas normas de responsabilidade contratual, as que diferem em grande medida do sistema delitual. Na realidade atual, os particulares oferecem educação e dispõem de suas horas em troca de uma retribuição outorgada pelos educandos, enquanto o Estado o faz sem receber contraprestação de nenhum tipo. Mas pode ocorrer, em muitos poucos casos que aqueles que não tomam nada a seu favor, e o Estado peticione uma contraprestação por seus serviços. Assim, esta última relação estaria regrada pelo regime convencional, enquanto que na primeira, o juiz

---

(333) SAGARNA, Fernando Alfredo. Ob. cit., p.72.

teria que averiguar se há elementos suficientes para enquadrar a relação em um marco obrigacional, pois do contrário, seria extracontratual[334].

Aponta, outrossim, uma análise sobre a distinção de tratamento para os casos do dano ter sido provocado por pessoa maior de 10 anos ou menor, conforme previsto no art. 1.117 do Código Civil Argentino, todavia, em virtude de este trabalho se limitar à ótica dos danos ocorridos em instituições de ensino superior privadas, nos deteremos aos casos de alunos maiores e de estabelecimentos de ensino particulares.

As universidades particulares lidam constantemente com as problemáticas oriundas da responsabilidade civil. Esses estabelecimentos possuem responsabilidade e obrigação, esta última decorre de um dever jurídico originário, enquanto a primeira decorre de um dever jurídico sucessivo, ou seja, quando a instituição de ensino firma um contrato de prestação de serviços educacionais com o aluno, nasce a obrigação, que é prestar serviços de educação, portanto, dever jurídico originário. A violação desta obrigação desencadeia a responsabilidade pelo ressarcimento de eventuais danos, o que demonstra que a responsabilidade é uma consequência do descumprimento de uma obrigação[335].

Lima[336], ao comentar sobre a responsabilidade da universidade privada no papel de fornecedora de ensino, salienta que "enquanto o direito tradicional se concentra na ação do fornecedor do serviço, no seu 'fazer', exigindo somente as diligências e cuidados ordinários, o sistema do CDC, baseado na teoria da função social do contrato, concentra-se no 'efeito do contrato'", entendendo que o CDC é mais propício do que o Código Civil tradicional para a aplicação da responsabilidade contratual peculiar dos casos em comento.

Nesta relação, temos, de um lado, os educandários que prestam serviços de ensino e, de outro, os consumidores deste serviço, que são os alunos,

---

(334) A esta altura el lector se preguntará el por qué de tal distinción, si como vimos, para determinar la aplicabilidad de régimen extracontractual que ofrece el art. 1117 (Código Civil), es necesário indagar si existe o no um contrato de enseñanza. Esse acuerdo hará que tal régimen sea inadmisible y que su incumplimiento se regule por las normas de la responsabilidad contratactual, las que difieren gran medida del sistema delictualEm la realidade actual, los particulares ofrecen educación y disponen de sus horas a cambio de uma retribución outorgada por los educandos, mientras que el Estado lo hace sin recibir contraprestación de ningún tipo. Pero puede ocurrir, em muy pocos casos, que aquéllos no tomen nada a su favor, y el Estado peticione uma contraprestación por sus servicios. Asi, esta última relación estaria reglada por el regimén convencional, mientras que em la primera el juez tendría que averiguar si hay elementos suficientes para encuadrar la relación em el marco obligacional, pues de lo contrario seria extracontractual.
(335) LABANCA, Ricardo. A responsabilidade civil das instituições de ensino. Disponível em: <http://www.repweb.com.br/novo/materia>. Acesso em: 23 set. 2011.
(336) Ob. cit., p. 63.

logo, está configurada a relação de consumo e, por tal razão, recai sobre as instituições de ensino a responsabilidade civil do Código de Defesa do Consumidor, que é a responsabilidade objetiva[337].

A configuração da responsabilidade objetiva das instituições de ensino superior privadas se queda irrefutável quando da análise da redação dos arts. 14 e 20, II, do CDC:

> Art. 14. O fornecedor de serviços responde independentemente da existência da culpa, pela reparação dos danos causados aos consumidores por defeitos relativos à prestação dos serviços, bem como por informações insuficientes ou inadequadas sobre sua fruição e riscos.

De acordo com o dispositivo citado, resta comprovado que as instituições de ensino superior privadas, em sua condição de fornecedoras, são responsáveis pelos eventuais danos sofridos pelos alunos, especialmente em vista de que a indenização por danos morais e patrimoniais são direitos básicos do consumidor, à luz do art. 6º, VI, do CDC.

Versa, outrossim, o art. 20, II, do CDC, sobre a responsabilidade da universidade privada como fornecedora, ao dispor sobre "a restituição imediata da quantia paga, monetariamente atualizada" quando da ocorrência de vícios de qualidade do serviço.

O aumento na oferta de ensino superior aguça a carência destes estabelecimentos e destoa da qualidade mínima exigida pelos órgãos do Estado Ministério da Educação e Cultura (MEC) e Coordenação de Aperfeiçoamento de Pessoal de Nível Superior (CAPES). As Instituições de Ensino Superior privadas devem demonstrar maior preocupação e dedicação com a oferta "qualitativa" do ensino, em "detrimento da quantitativa", e efetivar, com maior atenção à formação dos alunos, uma vez que esses interesses ultrapassam a esfera privada e se tornam um interesse social[338].

Devem proporcionar uma educação que induza o aluno a uma nova postura diante dos problemas de seu tempo e espaço. Proporcionar uma educação que estimule a pesquisa ao invés da enfadonha repetição de trechos e de afirmações desconectadas das suas condições de vida, a educação do "eu me maravilho" e não somente do "eu fabrico". A da vitalidade ao invés daquela que transmite ideias inertes, em que a mente se limita a receber, sem as utilizar ou as transformar em novas combinações[339].

No entanto, as universidades particulares devem prestar serviços sem vícios ou defeitos que possam danificar os consumidores ou colocá-los em

---

(337) LABANCA, Ricardo. *A responsabilidade civil das instituições de ensino*. Disponível em: <http://www.repweb.com.br/novo/materia>. Acesso em: 23 set. 2011.
(338) *Idem.*
(339) FREIRE, Paulo. Ob. cit., p. 97 e 101.

risco, lembrando que "consideram-se defeituosos os produtos ou serviços que não apresentam a segurança que deles legitimamente se espera na sociedade deconsumo"[340].

Desta feita, ao estarem os alunos nas dependências da instituição de ensino, esta se faz não só responsável pela qualidade de ensino que irá ministrar, mas, também, pela segurança destes, em virtude da responsabilidade objetiva que lhe recai, abstendo-se de comprovação da culpa.

Nesse sentido, a jurisprudência brasileira tem se firmado ao impor a responsabilidade de vigilância e cuidado sob a instituição privada, *in verbis:*

> Ação de indenização de Danos Morais e Estéticos — Instituição de Ensino Particular — Obrigação de Vigilância — Acidente ocorrido durante realização de atividade escolar — Lesão ocular — Culpa configurada — Dever de indenizar reconhecido — Dano moral — Fixação equitativa — *Quantum* reduzido — Sucumbência mantida — Recurso parcialmente provido (Processo: 0377323-3 — 1ª VC/Ponta Grossa, Apelante: ___ de Educação e Cultura; Apelado: Evandro, Rel. Des. Luiz Lopes).

Vislumbra-se pois, que a instituição de ensino é investida no dever de guarda e preservação do aluno, mormente sua integridade física e psicológica, com o dever de empregar a mais cautelosa vigilância a fim de erradicar qualquer ofensa ou dano relativo ao convívio escolar[341].

Aliás, a mera ofensa física ou verbal ocorrida entre colegas da mesma instituição de ensino durante o período em que estão sob sua guarda já gera responsabilidade da escola ou universidade, quando comprovada sua inércia no papel de inclusão social que lhe cabe perante os alunos:

> Abalos psicológicos decorrentes de violência escolar — *Bullying* — Ofensa ao princípio da dignidade da pessoa. (...) Na espécie, restou demonstrado nos autos que o recorrente sofreu violências físicas ou verbais de alguns colegas de turma que iam muito além de pequenos atritos entre clientes daquela idade, no interior do estabelecimento do réu durante todo o ano letivo de 2005. É certo que tais agressões, por si só, configuram dano moral, cuja responsabilidade de indenização seria do Colégio, em razão de sua responsabilidade objetiva. Com efeito, o Colégio réu tomou algumas medidas, na tentativa de contornar a situação, contudo, tais providências foram inócuas para solucionar o problema, tendo em vista que as agressões se perpetuaram pelo ano letivo. Talvez porque o estabelecimento de ensino apelado não atentou para o papel da escola como

---

(340) SANSEVERINO, Paulo de Tarso Vieira. *Responsabilidade Civil no Código do Consumidor e a defesa do fornecedor.* São Paulo: Saraiva, 2002. p. 69.

(341) GUIMARÃES, Janaina Rosa. Fenômeno *bullyin* — visão jurídica. Disponível em: <http://www.Revista juridica.uol.com.br/advogados-leis/141563>. Acesso em: 17 jul. 2011.

instrumento de inclusão social, sobretudo no caso de crianças tidas como "diferentes". Nesse ponto, vale registrar que o ingresso no mundo adulto requer a apropriação de conhecimentos socialmente produzidos. A interiorização de tais conhecimentos e experiências vividas, se processa, primeiro, no interior da família, e do grupo em que este indivíduo se insere, depois, em instituições como a escola. No dizer de Helder Baruffi, "neste processo de socialização ou de inserção do indivíduo na sociedade, a educação tem papel estratégico, principalmente na construção da cidadania". (TJ-DFT — Ap. Cível n. 2006.03.1.008331-2 — Rel. Des. Valdir Leôncio Junior — Julg. em 7.8.2008).

Nestes termos, a instituição de ensino tem responsabilidade objetiva perante os danos sofridos pelos alunos durante o convívio escolar, pois, além do dever de vigilância, possuem o condão de formar cidadãos.

Verifica-se, pois, que as educadoras privadas, na condição de fornecedoras de uma relação de consumo, são obrigadas a indenizar o aluno de outros prejuízos, caso o produto ou serviço possa "impedir o aluno de trabalhar ou se for causa de lesão cujo tratamento médico ou hospitalar exijam certos gastos"[342].

Assim, denota-se que a responsabilidade das instituições de ensino privadas abrange muitas outras obrigações, além da de prestar serviços educacionais com qualidade. Um exemplo é o fato de a instituição não poder divulgar as notas dos alunos em público, nem expô-lo pelo fato de não ter pago a mensalidade, vez que os tribunais têm demonstrado, de forma maciça, o direito à indenização por danos morais, quando os representantes das instituições extrapolam, neste sentido:

CIVIL E PROCESSUAL CIVIL. DIVULGAÇÃO DO HISTÓRICO ESCOLAR DE ALUNO SEM AUTORIZAÇÃO. DANO MORAL. INDENIZAÇÃO. CABIMENTO. APELAÇÃO E REMESSA IMPROVIDAS. 1. A divulgação do histórico escolar de estudante, pela entidade de ensino, sem a autorização daquele causa-lhe ferimento à imagem, propiciando indenização por dano moral. 2. O valor da indenização deve levar em consideração, para sua fixação, as circunstâncias da causa, bem como a condição socioeconômica do ofendido, não podendo ser ínfima, para não representar uma ausência de sanção efetiva ao ofensor, nem excessiva para não constituir enriquecimento sem causa do ofendido. Precedentes. 3. Apelação e remessa improvidas (TRF 1ª Reg. Apelação Cível 1999.34.00.018795-6/DF. Relator: Desembargador Federal João Batista Moreira. Relator: Juiz Urbano Leal Berquó Neto (Convocado). Data do julgamento: 28.2.2003. Publicação: *DJU* 2 de 17.3.2003, p. 172. Decisão: Unânime).

Os representantes das instituições educacionais privadas são responsáveis tanto pela prestação de serviços educacionais de qualidade, quanto

---

(342) SAAD, Gabriel Eduardo. *CLT comentada*. 42. ed. São Paulo: LTr, 2009.

pela proteção dos educando enquanto estiverem sob sua guarda, sendo uma obrigação secundária advinda da obrigação principal que é a prestação de serviços educacionais, à luz dos citados dispositivos do código consumista, e dos arts. 932, IV[343] e 933 do Código Civil, que dispõem sobre a responsabilidade objetiva dos donos de casa para fins de educação, cabendo exclusão desta responsabilidade somente nos casos de força maior ou culpa exclusiva da vítima.

Lima[344] demonstra a distinção dos momentos destas obrigações dentro das regras das relações contratuais:

> Esta visão dinâmica e realista do contrato é uma resposta à crise da teoria das fontes dos direitos e obrigações, pois permite observar que as relações contratuais durante toda a sua existência (fase de execução), mais ainda, no seu momento de elaboração (de tratativas) e no seu momento posterior (de pós-eficácia), fazem nascer direitos e deveres outros que os resultantes da obrigação principal. Em outras palavras, o contrato não envolve só a obrigação de prestar, mas envolve também uma obrigação de conduta!

Muito embora este estudo verse sobre as universidades privadas, insta ilustrar que a jurisprudência tem condenado também o Poder Público, quando da ocorrência de danos aos alunos nas instituições públicas, em razão da responsabilidade objetiva do Estado:

> Indenização — Responsabilidade objetiva do Poder Público — Teoria do risco administrativo — Pressupostos primários de determinação dessa responsabilidade civil — Dano causado a aluno por outro aluno igualmente matriculado na rede pública de ensino — Perda do globo ocular direito — Fato ocorrido no recinto de escola pública municipal — Configuração da responsabilidade civil objetiva do município — Indenização patrimonial devida — RE não conhecido. Supremo Tribunal Federal. Classe: RE 109615 / RJ — Recurso Extraordinário. Órgão julgador: Primeira Turma. Relator: Ministro Celso de Mello. Julgamento: 28.05.1996. Publicação: *DJU* de 02.08.96, p. 25.785. Votação: Unânime. Resultado: Não conhecido.

As entidades escolares formais e a educação informal, no papel de fornecedor, assume a responsabilidade de informar ao consumidor acerca dos riscos de produtos, sua quantidade, suas características, sua composição, sua qualidade e seu preço, ou seja, na educação superior devem ser porme-

---

(343) "Art. 932. São também responsáveis pela reparação civil: (...) IV — os donos de hotéis, hospedarias, casas ou estabelecimentos onde se albergue por dinheiro, mesmo para fins de educação, pelos seus hóspedes, moradores e educandos".

(344) Ob. cit., p. 57.

norizada as características do curso, a carga horária, os módulos, a qualidade do curso, o preço e etc.[345].

De acordo com art. 30 do CDC[346], quando uma universidade particular faz publicidade noticiando certos cursos com determinados professores, obriga-se a realizar o prometido de acordo com o que foi pactuado por meio da informação e publicidade, em razão da propaganda integrar o contrato, obrigando a universidade a fornecer o que foi veiculado pelo anúncio[347].

Por conseguinte, as educadoras privadas são responsáveis pela prestação de serviços de qualidade, bem como responsáveis por todos os atos praticados por seus representantes ou prepostos, sobretudo no tocante à "guarda" e "vigilância" dos alunos menores, ou outros eventuais danos oriundos da má prestação do serviço, todavia, resta analisar a situação quando os danos sofridos por alguém forem praticados por terceiros que não sejam nem os representantes, nem tampouco os prepostos dessas instituições.

Sagarna[348] explicita sobre a responsabilidade contratual das instituições de ensino privadas:

> Que exista um contrato que significa que o ator poderá demandar a parte que não cumpriu com o regrado convencionalmente. Os demandados serão quem têm a seu cargo a organização do estabelecimento escolar e não aqueles que exerçam o ensino e estejam obrigadas a vigilância dos educandos. Ademais, há de se dizer que o ator opta por acionar contra quem não se haja obrigado a vigilância deve fundar sua petição no regime da responsabilidade civil extracontratual[349].

Neste esteio, entendemos que, no caso dos danos decorrentes de um ato ilícito ocorrido nas instituições de ensino privadas que atinjam os atores do cenário educacional, a princípio, recai a responsabilidade sobre os representantes da respectiva instituição, tendo em vista a obrigação de fornecer um ambiente educacional com qualidade.

---

(345) PEREIRA, Caio Mario. Ob. cit., p. 99.
(346) "Art. 30. Toda informação ou publicidade, suficientemente precisa, veiculada por qualquer forma ou meio de comunicação com relação a produtos e serviços oferecidos ou apresentados, obriga o fornecedor que a fizer ou dela se utilizar e integra o contrato que vier a ser celebrado".
(347) *Idem*, p. 99.
(348) SAGARNA, Fernando Alfredo. Ob. cit., p. 35.
(349) "Que exista un contrato de por médio significa que el actor podrá demandar a la parte que no cumplió con lo reglado convencionalmente. Los demandados serán quienes tengan a su cargo la organización del establecimiento escolar y no aquellos que ejerzan la enseñanza y estén obligados a la vigilancia de los educandos. De más está decir que si el actor opta por acionar contra quien no se halla obligado a la vigilancia debe fundar su petición em el régimen de la responsabilidad civil extracontractual".

4.3.1. A responsabilidade civil das universidades privadas em face do ato ilícito praticado por alunos ou terceiros

A criança possui seu primeiro contato com o âmbito público e plural na escola. A agitação da vida moderna enseja que as famílias deixem seus filhos cada vez mais cedo nas escolas, nos berçários e nas creches, transferindo a responsabilidade pela educação dos filhos, que é dos pais, aos prepostos das escolas[350].

É nesta fase que a maioria das crianças tem o aprendizado de viver numa coletividade, sociedade, e, por tal razão, a instituição de ensino é investida no dever de proteção e preservação dos direitos do aluno, especialmente na sua integridade física e psicológica[351].

Esse dever é fruto da responsabilização imposta pelo art. 14 do CDC, sobretudos quando se trata de educação privada, vez que se configurará uma relação consumista; contudo, ao considerar o papel da instituição de ensino como instrumento de inclusão social, sempre que ocorrer um dano ao aluno, no âmbito escolar, praticado por terceiro que não seja preposto da entidade educacional ou mesmo por outro aluno, a instituição deverá ser responsabilizada[352].

Há de frisar que esta responsabilidade abarca tanto as instituições privadas quanto as públicas, pois, uma vez que os alunos compareçam à sede do âmbito educacional, esperam encontrar segurança e harmonia, fatores estes que devem ser preservados pela instituição deve, e, se algum fator ocorrer de forma a violar a segurança almejada, responsabilizar-se-á a própria instituição.

A jurisprudência paulista já vem se firmando no sentido de responsabilizar a instituição de ensino, quando da ocorrência de um dano sofrido por um aluno no âmbito escolar:

> Responsabilidade do estado. O Município é responsável por danos sofridos por aluno, decorrentes de mau comportamento de outro aluno, durante o período de aulas de escola municipal. O descaso com que atendido o autor quando procurou receber tratamento para sua filha se constitui em dano moral que deve ser indenizado (TJ-SP — Ap. 7109185000 — Rel. Des. Barreto Fonseca — Julg. em 11.8.2008).

---

(350) GUIMARÃES, Janaina Rosa. Disponível em: <http://www.Revistajuridica.uol.com.br/advogados--leis/141563>. Acesso em: 3 jan. 2011.
(351) *Idem.*
(352) *Ibidem.*

Com efeito, se denota a obrigação de qualquer instituição no âmbito educacional em garantir a segurança, harmonia e a liberdade de todos atores envolvidos, haja vista que tais instituições devem preservar os direitos fundamentais dos alunos enquanto estiverem sob sua guarda e responsabilidade, sobretudo quando se tratar de educação privada configurando o papel de fornecedora perante os alunos clientes, pela responsabilidade dos donos de estabelecimento de ensino independentemente de culpa; contudo, os alunos não possuem somente direitos, mas, sim, deveres, os quais irão permear as condutas destes perante os demais colegas, funcionários e professores.

O art. 205 da Constituição Federal prevê:

> A educação, direito de todos e dever do Estado e da família, será promovida e incentivada com a colaboração da sociedade, visando ao pleno desenvolvimento da pessoa, seu preparo para o exercício da cidadania e sua qualificação para o trabalho.

Destarte, nota-se que as instituições possuem três objetivos primordiais: o aprimoramento do desenvolvimento da pessoa, o exercício da cidadania e a efetiva qualificação para o trabalho.

Desse modo, a universidade deve atentar para a educação por meio de um método ativo, capaz de criticar o homem por intermédio do debate de situações conflituosas e desafiadoras, situações que poderiam ser existentes entre os grupos. Sem tal método, estaria se repetindo os erros de uma educação alienada, portanto ininstrumental[353].

A responsabilidade da instituição de ensino perante os alunos abrange diversas atribuições, as quais têm como núcleo a prestação de um ensino com qualidade para formação de cidadãos, entretanto abrange também a proteção e a garantia dos direitos fundamentais dos discentes, docentes e demais funcionários.

Nesse esteio, no caso de um ato ilícito praticado por um aluno contra outro, a instituição educacional deve ser responsabilizada, pois, ao permitir a prática de atos ilícitos no interior de sua sede, não garantindo a proteção e o dever de "guarda" de um ambiente educacional saudável e equilibrado, obstaculiza o pleno exercício da cidadania por parte da vítima e a garantia de manter invólucro os direitos fundamentais dos discentes dentro da universidade.

No caso do ato danoso ser praticado por um terceiro, estranho ao cenário educacional, a instituição também deve ser responsabilizada sob os mesmos fundamentos, notadamente pelo fato de que suas atribuições

---

(353) FREIRE, Paulo. Ob. cit., p. 114.

extrapolam a obrigação de prestar serviços educacionais com qualidade, para o desenvolvimento da democracia.

Souza[354] afirma que: "A Constituição é cidadã porque deve assegurar, garantir, proteger a dignidade da pessoa humana, valor superior do ordenamento, assim reconhecido desde a Declaração Universal dos Direitos Humanos e por todos os países democráticos."

Ademais, o Pacto Internacional de Direitos Civis e Políticos reconhece um rol de direitos civis e políticos mais extenso que a Declaração Universal. Em seus primeiros artigos, proclama o dever dos Estados-partes de assegurarem os **direitos neles elencados a todos indivíduos**, com medidas para este fim, inclusive a obrigação de proteger os indivíduos contra violação de seus direitos perpetrada por entes privados, ou seja, responder com eficácia às violações dos citados direitos. Nos mesmos moldes, o Pacto Internacional dos Direitos Econômicos, Sociais e Culturais incorporou os dispositivos da Declaração Universal sob preceitos vinculantes, incluindo o direito ao trabalho, o direito a um nível de vida adequado, o direito à educação, o direito à saúde, entre outros. Estabelece deveres dos Estados, enquanto a Declaração Universal diz "todos têm direito a (...)" o Pacto prescreve "os Estados-partes reconhecem o direito de cada um a (...)" demonstrando um grande avanço na forma de proteger esses direitos. Soma-se a isso o fato de que a aplicação dos direitos sociais, econômicos e culturais deve ser progressiva (o Estado deve adotar todas medidas, por esforço próprio e pela assistência e cooperação internacional, sobretudo no plano econômico e técnico, visando alcançar progressivamente a completa realização desses direitos, de acordo com art. 2º do Pacto, em um razoável período de tempo, ou seja, a progressividade dos direitos sociais proíbe o retrocesso ou a redução de políticas públicas voltadas à garantia desses direitos.

Evidentemente, o aluno matricula-se na instituição educacional para receber serviços conectados ao ensino, na busca da educação como exercício da cidadania, a qual deve garantir o desenvolvimento da plena democracia.

Por conseguinte, a proteção do aluno, bem como a preocupação com o desenvolvimento de seu espírito crítico e racional, complementa as obrigações das instituições de ensino, as quais devem evitar os destemperos ou atitudes irracionais que expõem a risco tanto os alunos quanto os professores, deixando vulnerável, mormente, o equilíbrio oriundo dos ambientes democráticos.

---

(354) SOUZA, Carlos Aurélio Mota de. Despertando a consciência cívica para a cidadania consciente. In: COLTRO, A. C. M. e ZIMERMAN, D. (Coord). *Aspectos psicológicos na prática jurídica*. São Paulo: Millennium, 2008. p. 68.

Freire[355] salienta a importância de uma educação que desperta o espírito crítico, pensante do indivíduo, ao afirmar que das mais enfáticas preocupações de uma educação para a democracia, entre nós, haveria de ser a que oferecesse ao educando mecanismos que resistissem aos poderes do desenraizamento de que a civilização industrial a que nos filiamos está armada.

Desse modo, pode-se dizer que as universidades privadas atuam como um veículo à educação, que deve ser de qualidade e, devem primar para que o ambiente educacional propicie e viabilize o exercício da cidadania e dos direitos fundamentais de todos os envolvidos, com efeito, as IES devem respeitar e estimular a observância da qualidade de vida e do equilíbrio do meio ambiente em que circulam todos os atores peculiares a este cenário, no restrito sentido dos direitos humanos a eles inerentes, a fim de que se estabeleça uma sociedade digna, ética e equilibrada.

Assim como as instituições de ensino possuem o dever de primar pela educação com qualidade de seus alunos, responsabilizam-se por proporcionar uma relação de civismo e cordialidade em todos seus aspectos e relações interpessoais, haja vista o lapso temporal em que os atores deste cenário despendem dentro destas instituições muitos — passam mais tempo dentro de uma instituição de ensino, quer seja funcionário ou professor, quer seja aluno, do que com seus entes familiares nas respectivas residências.

Contudo, a inércia da IES em cumprir integralmente seu papel dentro da sociedade pode surtir efeitos maléficos para os atores envolvidos, gerando, inclusive, um ambiente propício à prática de violência, conforme entendimento de Koeller[356]:

> A violência escolar pode envolver tanto a violência entre classes sociais (violência macro) como a violência interpessoal (violência micro). No primeiro caso, a escola pode ser cenário de atos praticados contra ela (vandalismo, incêndios criminosos, atentados em geral). No entanto, a escola — enquanto organismo de mediação social — também pode ser veículo da violência de classe: a violência da exclusão e da discriminação cuja resultante maior tem sido o fracasso escolar. No segundo caso, a escola também pode ser cenário de relações interpessoais de violência: relações intergeracionais (professor-aluno, por exemplo) e relações intrageracionais (aluno-aluno).

---
(355) Ob. cit., p. 113.
(356) KOELLER, Sonia Maria. *Avaliação como instrumento articulador do coletivo na escola:* experiência em uma unidade rural. Dissertação (Mestrado em Psicologia da Educação). Pontifícia Universidade Católica de São Paulo (PUC/S), 1995, p. 27-28.

Com efeito, vislumbra-se que a violência nas instituições de ensino configura-se como ilícito, é eivada de múltiplas facetas, agravando-se quando a ocorrência de atos ilícitos passa a ser corriqueira, frequente, reiterada e praticada pelos mesmos atores, o que configura o *bullying* (constranger, em inglês) ou o assédio moral, e traz repercussões ainda mais desastrosas à vítima, recaindo a responsabilização na instituição de ensino, sem prejuízo da eventual responsabilidade do agressor, conforme será aprofundado no capítulo seguinte.

Capítulo V

Responsabilidade civil das universidades privadas em face da violência psicológica praticada pelos alunos contra o professor

5.1. A VIOLÊNCIA PSICOLÓGICA NAS INSTITUIÇÕES DE ENSINO

A violência psicológica praticada reiteradamente, conhecida como assédio moral ou *bullying*, termo este mundialmente conhecido em virtude de seu significado (o verbo *bully* em inglês, é utilizado para identificar uma pessoa cruel, agressiva), caracteriza-se pelo uso da superioridade física ou moral para intimidar uma pessoa[357].

Não obstante o estrangeirismo, a adoção do termo *bullying* universalmente deu-se em face da dificuldade em traduzi-lo de forma a ensejar fácil entendimento em diversas línguas. Em 2005, durante a Conferência Internacional Online School Bullying and Violence, constatou-se que o amplo conceito da palavra dificultava a identificação de um termo nativo com o mesmo sentido em países como Alemanha, França, Espanha, Brasil e outros[358].

Contudo, em razão do termo assédio moral ter se edificado e consolidado no Brasil com o mesmo significado que a palavra *bullying*, neste compêndio será utilizado a terminologia brasileira, para melhor elucidar a pesquisa.

O assédio moral se configura como uma violência psicológica que afronta diversos direitos fundamentais permeados pela dignidade humana, conforme tratado em capítulos anteriores.

A violência moral ou psicológica pode ser direta ou indireta, com o condão "de designar um amplo espectro de danos impingidos a outrem,

---

(357) GUIMARÃES, Janaina Rosa. Fenômeno *bulling* — visão jurídica. Disponível *in* <www.Revistajuridica.uol.com.br/advogados-leis/141563>. Acesso em: 3 jan. 2011.
(358) *Idem*.

em determinada situação relacional; danificação esta que pode comportar diferentes alvos: desde a integridade física e/ou moral, passando pelos bens materiais, até a participação simbólica e/ou cultural daquele"[359].

O assédio moral só é admitido em sua forma dolosa, que ocorre quando o assediante molesta a vítima de forma adrede, pois a conduta culposa é aquela em que o agente tem a intenção, porém não deseja o resultado maléfico; já a dolosa é aquela em que a intenção do agente é tanto praticar a conduta, quanto atingir o resultado espúrio[360].

Apesar da identificação desta violência nas múltiplas relações interpessoais, o assédio ocorre com bastante frequência no meio educacional, conforme elucida Hirigoyen[361]: "o meio educativo é um dos mais afetados pelas práticas do assédio moral".

Forbes[362], psicanalista, define assédio moral como a prática do "constrangimento do outro em uma disputa pessoal". O ato de diminuir propositadamente a liberdade do outro, para obter um benefício particular, pode revelar algo mais sério: uma espécie de satisfação sádica pessoal, o prazer de se sentir mais inteligente, mais competente, mais rápido. O modelo das relações interpessoais e corporativas mudou, pois dava-se verticalmente, e agora estamos diante de uma sociedade horizontalmente organizada, na qual a intervenção e participação das pessoas é esperada e valorizada o que difere de antigamente, quando as pessoas limitavam-se a cumprir seus deveres ou, no caso da educação, eram apenas receptoras do saber.

O assédio moral ou *bullying* sofrido por alguns alunos transformou-se na causa quase previsível da futura agressividade ou crueldade praticada por eles, os quais tendem a praticar o mesmo tipo de comportamento perante outros colegas, ou ao cume de causar a morte de outros, como no caso de Tyler Clementi, aluno da New Jersey´s Rutgers University, nos EUA, que se matou após seu companheiro de quarto ter transmitido um vídeo que insinuava que ele era gay. Ou também o caso de Cho Seung-Hui, estudante que realizou o sangrento massacre na Universidade Estadual da Virgínia, nos EUA, em abril 2007, matando 32 pessoas e ferindo 15, justificando em um vídeo gravado antes do massacre, que a violência ocorreria por ter sido vítima de *bullying* na infância[363].

Há que se lembrar, outrossim, do caso do massacre da Escola do Realengo (Rio de Janeiro), no qual Wellington Menezes de Oliveira, de

---

(359) AQUINO, Julio Groppa. *Do cotidiano escolar:* ensaios sobre a ética e seus avessos. São Paulo: Summus, 2000. p. 160.
(360) DALEGRAVE NETO, José Affonso. Ob. cit., p. 268.
(361) Ob. cit., p. 17.
(362) FORBES, Jorge. Disponível em: <http://Revistamelhor.uol.com.br/texto/222/artigo222652>. Acesso em: 23 set. 2010.
(363) PEOPLE Magazine — *Bullying* — *a special report*, outubro/2010, p. 56 (tradução livre).

apenas 23 anos, invadiu a escola em que estudou na infância portando dois revólveres, matando 12 estudantes e ferindo outros mais e, segundo informações de parentes e amigos dele, teria ele sofrido *bullying* quando adolescente, o que poderia ter motivado o massacre.

Aquino[364] alerta que "o ensino teria como um de seus obstáculos centrais a conduta desordenada dos alunos, traduzida em termos como 'bagunça', 'tumulto', 'descontrole', 'falta de limites', 'comportamentos inadequados', 'desrespeito generalizado' etc."

Muitas vezes, o aluno assediador não sabe lidar com sua raiva e o sofrimento de sua vítima não o atinge, pelo contrário, muitas vezes sente-se satisfeito com a opressão do assediado. Há de considerar, outrossim, a figura do espectador inerte, o qual não pactua com a conduta do agressor, todavia, nada faz para ajudar a vítima, por medo ou vergonha. Há ainda aquele que retransmite a mensagem, que pactua com o assédio, este é coautor desse tipo de violência.

Com efeito, constata-se que as estatísticas envolvendo a ocorrência de *bullying* nas instituições de ensino só vêm crescendo, o que demonstra um cenário preocupante, culminando na intervenção de alguns estados na criação de leis que visam atenuar essa violência psicológica.

O estado de Santa Catarina sancionou a Lei Estadual n. 14.651/2009, que dispõe sobre um programa de combate ao *bullying* com ações interdisciplinares e participação da comunidade nas escolas públicas e privadas. Da mesma forma, nos estados de São Paulo e Rio de Janeiro tramitam na Assembleia Legislativa os projetos de Lei n. 350/2007 e 683/2007[365].

Por conseguinte, o enfrentamento do *bullying* é um gesto de cidadão educativo que prepara os alunos para o respeito e a aceitação das diferenças, não devendo ser mero banalizador para a sociedade em relação à violência, pois enquanto esta não estiver preparada, não haverá redução de comportamentos agressivos ou violentos[366].

A instituição de ensino cumpre um importante papel na formação do indivíduo ético, apto a exercer sua cidadania em plenitude, garantindo a proteção de todos os direitos fundamentais de forma digna[367].

---

(364) AQUINO, Julio Groppa. *Do cotidiano escolar:* ensaios sobre a ética e seus avessos. São Paulo: Summus, 2000. p. 82.
(365) GUIMARÃES, Janaina Rosa. Fenômeno *bulling* — visão jurídica. Disponível em: <http://www.Revista juridica.uol.com.br/advogados-leis/141563>. Acesso em: 3 jan. 2011.
(366) *Idem.*
(367) *Ibidem.*

Logo, o assédio moral pode obstaculizar o desenvolvimento da ética e dos conceitos de civilidade no indivíduo, acarretando a formação de indivíduos agressivos e perigosos, incapazes de manter relações interpessoais harmoniosas e dignas. O risco acentua-se quando o assédio passa a ser praticado no campo virtual, cenário de fácil e célere divulgação em contrapartida da dificuldade da identificação do agressor.

O assédio virtual ou *cyberbullying* é aquele que ocorre em meios eletrônicos, como extensão da violência praticada dentro das instituições de ensino, contudo, no mundo virtual, a agressão pode ser encobertada pelo anonimato, o que aguça a crueldade e seus efeitos.

A tecnologia, sempre considerada um avanço da humanidade em busca da constante evolução, muitas vezes contribui (como tudo que tem o lado bom e o mau) para o avanço da violência psicológica, que é um retrocesso humano, por meio da divulgação de forma mais célere de agressões ameaçadoras ou constrangedoras por intermédio de *e-mails*, *sites* de relacionamentos, torpedos e outros, configurando o assédio moral no mundo virtual, batizado por *cyberbullying*[368].

Para Santomauro[369], existem três razões para o *cyberbullying* ser mais cruel que o assédio tradicional:

> No espaço virtual, os xingamentos e as provocações estão permanentemente atormentando as vítimas. Antes, o constrangimento ficava restrito aos momentos de convívio dentro da escola. Agora é o tempo todo. Os jovens utilizam cada vez mais ferramentas de *internet* e de troca de mensagens via celular — e muitas vezes se expõem mais do que devem. A tecnologia permite que, em alguns casos, seja muito difícil identificar o(s) agressor(es), o que aumenta a sensação de impotência.

No mundo virtual, é mais fácil divulgar fotos ou tecer comentários depreciativos tendo como alvo preferencial os jovens, colegas de classe ou de escola/faculdade que por diversos fatores não compartilham da mesma ideologia, dos costumes ou das preferências, humilhando estes jovens e adolescentes nas redes sociais, *blogs*, ou *sites* sob o manto do anonimato ou por vezes, assumindo a autoria, mas sempre com a finalidade de tornar público o "problema" da vítima que a torna inaceitável dentro de determinado grupo, ou de induzir seguidores com o mesmo pensamento e condutas destrutivas.

---

(368) SANTOMAURO, Beatriz. Ob. cit., p. 68.
(369) *Idem*, p. 68.

O suicídio de Tyler Clementi, narrado acima, consumou-se exatamente como consequência do *cyberbullying:* um estudante tímido, admirador de música clássica, que tocava violino, foi denominado *gay* pelo companheiro de quarto na *internet*. Ademais, segundo a revista americana *People* que noticiou o episódio, os *gays* e lésbicas são um público vulnerável a vitimização desta prática de acordo com estudos levantados pela Harris ao postar que, segundo Harris poll Found (uma fundação americana especializada neste tipo de questão), em 2005 divulgou uma pesquisa que verificou que cerca de 90% (noventa por cento) dos *gays* e lésbicas adolescentes haviam sido vítimas de *bullying* no ano anterior[370].

A moda dos relacionamentos digitais pode proporcionar uma agressão tão devastadora ao adolescente ou jovem humilhado que interferirá em sua vida para sempre. Em muitos casos, o *cyberbullying* decorre da criação de perfil no *Orkut* para atingir outras pessoas, inclusive professores e colegas de escola, escondendo-se atrás do manto perverso do anonimato.

No Brasil, a jurisprudência tem se firmado no sentido de apenar com indenizações a violação da dignidade das vítimas do *cyberbullying* e com a obrigação de tirar do ar o *link*, ou *site*, aplicando-se pena culminatória por dia de atraso no respectivo cumprimento, *in verbis:*

> REPARAÇÃO DE DANOS. *INTERNET*. CRIAÇÃO DE PÁGINA NO *SITE* DE RELACIONAMENTOS *ORKUT*. ATRIBUIÇÃO DE FATOS OFENSIVOS CHAMANDO A AUTORA DE "CALOTEIRA" DENTRE OUTROS IMPROPÉRIOS E EXPONDO FATOS QUE SUPOSTAMENTE SERIAM DE SUA INTIMIDADE. OFENSA À HONRA DA AUTORA. DANO MORAL *IN RE IPSA*. DEVER DE INDENIZAR. *QUANTUM* INDENIZATÓRIO MANTIDO. SENTENÇA CONFIRMADA. A demandada criou uma comunidade na rede de relacionamentos *Orkut*. A aludida página serviu para proferir ofensas à dignidade da autora, causando-lhe danos, os quais devem ser indenizados. A verba indenizatória arbitrada pelo juízo singular se mostra adequada aos parâmetros adotados por este Colegiado. Ademais, o *quantum* indenizatório se vê coadunado com os princípios da proporcionalidade e da razoabilidade. Imperiosa, portanto, sua manutenção. Sentença mantida por seus próprios fundamentos. RECURSO A QUE SE NEGA PROVIMENTO (Recurso Cível n. 71001309483, Terceira Turma Recursal Civel, Turmas Recursais, Relator: Ricardo Torres Hermann, *DJRS* 5.11.07, p. 90).
>
> AGRAVO. OBRIGAÇÃO DE FAZER. *INTERNET*. *ORKUT*. COMUNIDADE DE RELACIONAMENTO. RETIRADA DO *LINK* DO AR POR CONTER CONTEÚDO AGRESSIVO À DIGNIDADE DA PESSOA. OBRIGAÇÃO DE FAZER SUJEITA À PENA DIÁRIA PELO DESCUMPRIMENTO. PRESENÇA DOS PRESSUPOSTOS DE CONCESSÃO DA ANTECIPAÇÃO DOS EFEITOS DA TUTELA. AGRAVO PROVIDO (Agravo de Instrumento n. 70015660707, Décima Câmara Cível, Tribunal de Justiça do RS, Relator: Paulo Antônio Kretezmann, *DJRS* 13.10.06, p. 25)

---

(370) *People's Magazine: Bullying* — a special report. Out./2010, p. 57 (tradução livre).

Esta modalidade de assédio ou *bullying* tem se tornado tão frequente que obrigou algumas escolas a tomar providências visando a proteção de seus alunos da violência virtual. O *Jornal da Tarde* noticiou, em 17 de abril de 2011, que colégios e escolas particulares de São Paulo-capital, estão rastreando redes de relacionamentos para auxiliar alunos vítimas do *cyberbullying* a identificar os respectivos ofensores, uma tarefa do setor de orientação educacional com o departamento de informática. Segundo informações dos diretores destas instituições, quando os autores são identificados alegam ser brincadeira e tiram a matéria do *site*, mas este procedimento auxiliará na prevenção de violências perversas e irreversíveis contra os alunos das citadas instituições, creem seus dirigentes[371]. Não há que discutir que toda prática de incivilidade ou casos extremos de violência perversa violam os direitos fundamentais da vítima e obstaculizam seu pleno exercício de cidadania, entretanto, esta prática não tem se limitado às relações entre estudantes, efetivando-se com surpreendente rapidez contra os professores.

5.1.2. O assédio moral sofrido pelo professor

No âmbito educacional, o professor tem sido um alvo constante da prática do assédio, no entanto, a figura do professor permeia não somente as relações educacionais, mas, também, as relações de trabalho, vez que o docente das instituições de ensino privado figura como empregado e submete-se a todas as singularidades desta relação.

No caso do professor empregado, o problema deriva de um fato social, vez que a sociedade tem sido torpedeada por notícias de violência nas escolas públicas e privadas, a qual tem atingido, sobretudo, as instituições de ensino superior.

Em razão de motivações diversas, na escola, bem como nas universidades privadas, a violência interpessoal tem aumentado as situações de sofrimento, seja por parte dos alunos, seja pelos professores, principalmente por estes últimos, os quais são agredidos física e emocionalmente por alunos[372].

Contudo, em vista da ineficiência da iniciativa da direção das instituições de ensino, muitos docentes preferem calar-se e suportar a violência sofrida cotidianamente, por temerem demissão ou represálias, como a redução de carga horária e por receio de não manter a admiração e respeito dos discentes.

---

(371) ALCALDE, Luisa. Colégios rastreiam *site* em busca de *cyberbullying*. *Jornal da Tarde* de 17.4.2011, p. 39.
(372) FARIAS, Cecília Martins. Violência contra o professor. In: PEREIRA, José Luciano de Castilho (Coord.). *Professores:* direitos trabalhistas e previdenciários dos trabalhadores no ensino privado. São Paulo: LTr, 2008. p. 203.

O docente passou a assumir uma condição complexa na relação educacional, tornando-se refém e atuando como vítima do próprio aluno. Tal situação desencadeia o desequilíbrio nessa relação jurídica, comprometendo o processo de ensino e de aprendizagem e de formação integral do aluno, ocasionando, sobretudo, a desvalorização do professor como pessoa e profissional[373].

Ademais, muitos juristas consideram impossível responsabilizar as instituições de ensino pelas agressões a professores cometidas por alunos, tanto pela *internet*, quanto no âmbito físico educacional, especialmente em razão da ausência de legislação específica no tocante à violência virtual. No entanto, o art. 186 do Código Civil deve ser aplicado no sentido de responsabilizar os agressores, de acordo com a jurisprudência já demonstrada[374].

Porém, além de a violência contra o docente recair no setor da educação, outro segmento da sociedade que deve se ocupar com o tema é o que envolve o ambiente de trabalho. No âmbito laboral, o assédio moral tem sido amplamente discutido, comentado e fundamentado pela jurisprudência, na busca de instrumentalizar o trabalhador, vítima desta violência, em sua defesa. Contudo, na esfera das relações privadas trabalhistas inexiste uma legislação específica que normatize o assédio. A divulgação e o esclarecimento das formas de ocorrência e respectivas formas de proteção têm sido fomentados pelos sindicatos de classe ou por literaturas isoladas.

O professor de uma instituição privada, especialmente as de ensino superior, depara-se constantemente com o dilema da precarização das condições de trabalho decorrente da pressão exacerbada do empregador, somada aos constantes insultos dos alunos, o que configura o assédio moral vertical ascendente e o descendente, respectivamente. Em casos extremos, pode ser encontrado também o assédio moral horizontal, o qual ocorre quando os docentes com mais tempo de casa menosprezam o professor recém-contratado e, portanto, mais temeroso e vulnerável às pressões, em virtude do receio que envolve os docentes mais antigos de serem alvos da diminuição de turmas ou horas/aulas por causa da nova contratação.

A prática do assédio moral vertical descendente é a mais corriqueira, configurando-se com o uso arbitrário do poder de chefia para fins de abuso de direito do poder diretivo e disciplinar, muitas vezes com intuito de esquivar-se das consequências trabalhistas.

---

(373) ALKIMIN, Maria Aparecida; NASCIMENTO, Grasiele Augusta Ferreira. Violência na escola: o *bullyning* na relação aluno-professor e a responsabilidade jurídica. Anais do Encontro Nacional do Conpedi, junho de 2010, p. 2.811.
(374) FARIAS, Cecília Martins. Violência contra o professor. In: PEREIRA, José Luciano de Castilho (Coord.). *Professores:* direitos trabalhistas e previdenciários dos trabalhadores no ensino privado. São Paulo: LTr, 2008. p. 207.

Quando uma IES privada percebe que o professor não está se moldando às suas necessidades e transforma-se em um entrave à plena satisfação dos discentes, com alto índice de resistência ou rejeição dos alunos em relação ao docente, recorre a mecanismos antiéticos e arbitrários, como reduzir sua carga horária de um ano letivo para outro, ou pressioná-lo demasiadamente, com o acúmulo de trabalhos extraclasses, para desestabilizá-lo e forçá-lo a pedir demissão por livre iniciativa.

Já o assédio moral vertical ascendente, apesar de raro, também tem sido identificado no ambiente de trabalho do professor, quando, ilustrativamente, uma pessoa é designada para um cargo de confiança sem o prévio conhecimento de seus novos subordinados (que, muitas vezes, esperavam a promoção de um colega para tal posto), e o ressentimento destes enseja a prática do assédio contra seu superior, como no caso de nomeação de coordenadores ou diretores que não são unanimidade entre os professores subalternos.

Esse tipo de assédio pode se caracterizar ainda, pela conduta incivil, mal-educada dos alunos perante o professor, não se dando conta de que o docente é uma autoridade em sala de aula e deve ser respeitado como tal. Se o professor não facilita a obtenção de boas notas ou não ajuda os alunos a passar de um ano letivo para outro, pode ser alvo de ofensas, intrigas, condutas desrespeitosas, culminando até na prática da violência física, como denota-se nos noticiários que retratam as formas de *bullying* nas escolas.

Atualmente, a prática constante de pequenas e grandes perversões por parte dos jovens alunos vai desde um debroche até graves agressões verbais e físicas por qualquer fator discriminatório, o que, para muitas instituições, é visto apenas como "uma brincadeira de criança" ou até mesmo "como uma forma de livre expressão a qual não deve ser combatida a fim de não retornarmos à época da censura e da disciplina exacerbada", notadamente nas instituições de ensino privado, que consideram os alunos "os clientes garantidores de sua existência", e não permitem a imposição de qualquer limitação ou sequer de sanção a estes agressores, por receio de perder seus "clientes" tão preciosos e mantenedores de seu negócio.

O problema se aguça com a ausência de limites de algumas instituições, o que estimula a violência praticada pelos discentes, que ganham espaço e conquistam seguidores, ampliando as áreas de atuação desta prática perversa, inclusive no mundo virtual.

Sem dúvida, nos dias atuais, esta tem sido a prática mais frequente de assédio contra o professor, tornando paulatinamente mais precário o ambiente de trabalho do docente, em face da fragilidade que permeia as relações professor-aluno e professor-instituição de ensino, a qual, visando exclusivamente seus lucros e permanência em destaque na ampla concorrência, se exime de cumprir suas obrigações de empregador e primar pela garantia da função social do contrato de trabalho.

O assédio moral horizontal também vem crescendo nas empresas em virtude da diminuição da solidariedade entre os colegas, ocasionada pelas metas a serem cumpridas por determinadas equipes de trabalhadores, nas quais todos disciplinam uns os outros, e, se alguém possuir um desempenho mais lento, levando aos demais a um maior esforço para compensar a "ausência" de trabalho, imediatamente será pressionado pelos demais trabalhadores de sua equipe, com uma rigidez crítica que culmina em alguns momentos à exposição vexatória, além de ser excluído do grupo.

São casos que ocorrem com menos frequência, cuja conduta é motivada por inveja pela discrepância salarial, ou por mais capacidade do ofendido, ou pela proteção da vítima por parte da chefia, por inveja, entre outros[375]. No caso do professor, quando é novo na instituição, pode ser excluído do grupo já formado e engajado pelos demais professores ou quando foi contratado por ter uma restrita ligação com os proprietários das universidades, também pode causar inveja e rejeição.

As relações humanas são eivadas de aspectos subjetivos e intersubjetivos que acabam por nortear os relacionamentos, os quais, apesar de difícil identificação, ensejam uma análise atenta e peculiar a fim de esclarecer os respectivos conflitos e a necessidade, por vezes fortuita, de agredir o outro.

Os primeiros julgados que analisaram o assédio moral entendiam que para sua configuração, ensejava a existência de quatro elementos essenciais, conforme verifica-se ilustrativamente:

> "Assédio moral" — Indenização — Na caracterização do assédio moral, conduta de natureza mais grave, há quatro elementos a serem considerados: a natureza psicológica, o caráter reiterado e prolongado da conduta ofensiva ou humilhante, a finalidade de exclusão e a presença de grave dano psíquico-emocional, que comprometa a higidez mental da pessoa, sendo passível de constatação pericial. Por outras palavras, o assédio moral, também conhecido como "terror psicológico", *mobbing*, "hostilização no trabalho", decorre de conduta lesiva do empregador que, abusando do poder diretivo, regulamentar, disciplinar ou fiscalizatório, cria um ambiente de trabalho hostil, expondo o empregado a situações reiteradas de constrangimento e humilhação, que ofendem a sua saúde física e mental. Restando evidenciado nos autos que o empregador, ao instaurar "Rito de Apuração Sumária", para apurar irregularidades imputadas à reclamante, extrapolou os limites regulamentar que lhe são facultados, expondo a reclamante a um período prolongado de pressão psicológica, além do permitido no Regulamento, devido se torna o pagamento da indenização

---

(375) FONSECA, Rodrigo Dias da. Assédio moral — breves notas. *Revista LTr.* São Paulo: LTr, 71-01, 2007, p. 37.

pleiteada (g. n.) (Processo 00715-2005-080-03-00-7 RO Data de Publicação 20/5/2006 — *Órgão Julgador Terceira Turma* — Relator Maria Lúcia Cardoso de Magalhães — Revisor Bolívar Viégas Peixoto).

Contudo, a jurisprudência e doutrina moderna entendem pela dispensabilidade da reação da vítima, não sendo este fator determinante para configuração ou não do assédio moral, o que é apropriado e acertado, vez que a conduta punível é a do assediador e não da vítima do assédio.

Um ser humano é um sujeito psicológico de carne e osso, restando lembrar que a maneira do indivíduo ser, agir, pensar, sentir e valorar resulta da coordenação de diversos sistemas, os quais se caracterizam como subsistemas de um sistema mais complexo que identifica nossa individualidade[376].

Segundo Araújo[377], "essa visão nos ajuda a melhor compreender a realidade dos comportamentos, facilita nossas relações com o mundo e nos ajuda a construir uma visão mais ampla da moralidade humana ao nos levar, por exemplo, a evitar determinados tipos de preconceitos contra formas diferentes de pensar, sentir e agir de outras pessoas".

A resistência ao diferente leva os indivíduos à recusa da resignação de valores contrários aos seus, originando condutas discriminatórias e preconceituosas, as quais violam os bens jurídicos imateriais do outro, encarado como diferente, olvidando-se por completo da essência traduzida na dignidade desse outro indivíduo. Logo, o crescimento desenfreado das instituições de ensino privado jorra no mercado, cada vez mais vagas em busca de estudantes, e uma vez que a oferta é maior que a demanda, as IES colocam-se dispostas a tudo na busca de alunos/clientes para preencher as vagas ofertadas, inclusive descartar o professor que não se encaixa aos seus anseios lucrativos ou ao objetivo desse aluno que almeja passar de ano sem grandes esforços.

O perfil dessas relações é bem retratado por Lima[378] que dispõe:

> Se a escola deixa esse tipo de atitude estará "autorizando" o desenvolvimento de cidadãos injustos, superficiais e maus. A escola e universidade são instituições em que supostamente reina a razão (*logos*), mas na prática é um espaço social dominado pelas paixões, preconceitos, estereotipias e estigmas. Professores e funcionários também sofrem. São vítimas de apelidos e exclusão, tanto pelos alunos como

---

(376) ARAÚJO, Ulisses F. *Conto de escola* — A vergonha como um regulador moral. Campinas: Moderna, 1999. p. 67-69.
(377) Ob. cit., p. 69.
(378) Ob. cit., p 33.

pelos próprios colegas de trabalho. Os sinais mais frequentes acontecem através do olhar, do distanciamento do corpo, das palavras que visam "queimar" socialmente a pessoa, geralmente feito em forma de cochicho, de meias palavras, insinuações e, nos casos mais graves, através de atos de exclusão camuflados, hoje tipificados de assédio moral. A vítima não sabendo como reagir, introjeta o estigma, terminando por achar-se merecedora da rejeição.

No entanto, não somente a violência origina a prática do assédio moral, o qual pode ser oriundo de uma conduta de incivilidade em que o indivíduo, desprovido da educação mínima para conviver em sociedade, pratica atos que contrariam a noção de civilidade e educação, valores essenciais para regrar minimamente as relações interpessoais.

O cumprimento dos deveres civis hábeis a respeitar os direitos mínimos de um cidadão está eivado da noção de ética e de cidadania, vez que esses valores também incitam um comportamento instrutivo, educado e que retrata o verdadeiro sentido de liberdade.

Gohn[379] coaduna o exercício da cidadania com os demais direitos fundamentais, por tratar-se de direitos naturais e imprescritíveis do homem. Salienta que a propriedade já era um direito supremo, desde a época da Declaração dos Direitos do Homem de 1789, época em que quem possuía uma propriedade era considerado cidadão, hábil a escolher seus representantes, podendo exercer plena liberdade e cidadania.

Afirmava, outrossim, que Locke já atentava que a causa da diferença de direitos entre a classe trabalhadora e a burguesia era que aquela se dedicava exclusivamente à enxada, ao arado, utilizando apenas as mãos e nunca a cabeça, o que obstaculizava o surgimento de ideias sublimes. No entanto, que o sonho de transformação ampliava o leque dos cidadãos que não eram proprietários, passando pela constituição das classes populares como cidadãos, sujeitos de direitos, vez que o fundamental era transformar o homem sujeito histórico apto a modificar a realidade, e, para tanto, teria que ser livre e consciente. Em síntese, o exercício da cidadania se resumiria na questão educativa, a qual, no mundo contemporâneo, ocupa uma acepção coletiva de cidadania[380].

Observa-se, por conseguinte, que a educação reflete a noção de civismo e tais valores são instrumentos reformadores de uma sociedade, capazes de trazer equilíbrio às relações interpessoais e proporcionar a liberdade individual, tão almejada por todos e garantida pela Constituição.

---

(379) GOHN, Maria da Glória. Movimentos sociais e educação. *Coleção questões da nossa época*. São Paulo: Forense, 2005. p. 11-12.
(380) *Idem*, p. 12.

Souza[381] idealiza o setor de produção ao exclamar: "Professores! Que nenhuma palavra seja proferida senão para ensinar, orientar, acalentar ideais, suportar indecisões, superar dúvidas e angústias existenciais, tão próprias das vicissitudes humanas!".

Todavia, para o professor cumprir seu verdadeiro papel de ensinar, estimular e orientar, deve ter seus direitos respeitados, valorizados e incentivados por todos os atores que o cercam em seu ambiente laboral; é a essência da reciprocidade de direitos.

Vieira[382] explicita e demonstra a essencialidade do princípio da reciprocidade:

> A constituição de um estado de direito será tremendamente favorecida naquelas sociedades em que cada indivíduo respeite os direitos dos outros indivíduos, na expectativa de que os outros também respeitem aqueles direitos por ele reivindicados (...) o respeito do direito do outro é o alimento fundamental de uma eventual generalização de expectativa que leva à constituição do estado de direito.

Desse modo, o cumprimento dos deveres cívicos, de educação, que se configuram com pequenos gestos de gentileza, evitam os conflitos nas relações, e, considerando que o ambiente educacional envolve relação de consumo entre o aluno e a instituição de ensino, relação laboral entre a IES e o docente e relação educacional entre este e o aluno, é o local ideal para o exercício dessas gentilezas, respeitando a dignidade de todos atores envolvidos, sem olvidar e almejar o livre exercício da cidadania.

Assim, Villamarín[383] preleciona sobre a importância da educação dentro das relações interpessoais:

> A educação precisa manter o equilíbrio, sempre precário, entre os impulsos e os instintos, comandados por nossa parte irracional, de um lado, e os desejos de organização, de unificação, de ordem e de sentido, dirigidos por nossa parte racional. Se a parte racional dominar, corremos o risco de nos transformarmos em máquinas insensíveis. Mas se o nosso lado irracional imperar, o perigo consistirá em nos convertermos em animais selvagens.

---

(381) SOUZA, Carlos Aurélio Mota de. Ob. cit., p. 68.
(382) VIEIRA, Oscar Vilhena. Violência e incivilidade na escola. In: COLTRO, Antonio Carlos Mathias; ZIMERMAN, David (Coord.). *Aspectos psicológicos na prática jurídica*. São Paulo: Millennium, 2008. p. 387.
(383) VILLAMARIN, Alberto Juan González. *Educação e justiça versus violência e crime*. Porto Alegre: AGE Editora, 2002. p. 101.

Para determinação de um processo educacional, deve ser considerado o fato de o ensino traduzir-se como atividade-meio, logo, a educação tem uma abrangência muito mais ampla que o ensino, devendo ser este último a finalidade das universidades privadas a fim de consolidar o processo educacional do indivíduo[384].

Dessa forma, cabe ao professor a tarefa de instrumentalizar este direito, e garantir ao aluno o acesso ao ensino, pois, assim, propiciará a este último exercer sua cidadania, assegurando seu desenvolvimento ético, moral e dos demais valores mínimos considerados por uma sociedade. Desse modo, no ambiente educacional privado permeiam dois direitos sociais de importância inquestionável, que são a educação e o trabalho, devendo ambos ser construídos sob o pilar da dignidade humana, vez que não há como tratar de direito ao trabalho, por exemplo, sem atentar-se para a noção do trabalho digno.

A dignidade humana é um valor supremo que atrai o conteúdo de todos os direitos fundamentais. É um princípio que norteia e unifica todos os direitos fundamentais, pois, conforme observa Canotilho, o princípio da dignidade humana obriga a uma densificação valorativa que tenha em conta seu amplo sentido normativo-constitucional, não se limitando a uma ideia apriorística do homem, não podendo reduzir-se o sentido da dignidade humana à defesa dos direitos pessoais tradicionais, esquecendo-a nos casos de direitos sociais, ou invocá-la para construir "teoria do núcleo da personalidade" individual, ignorando-a quando se trate de direitos econômicos sociais e culturais[385].

O princípio da dignidade humana constitui uma categoria axiológica aberta, sendo inadequado conceituá-lo de maneira fixista, sobretudo quando se verifica que uma definição desta natureza não harmoniza com o pluralismo e a diversidade de valores que se manifestam nas sociedades democráticas contemporâneas[386].

Se não houver respeito pela vida e pela integridade física do ser humano, notadamente do professor, sem assegurar as condições mínimas para uma existência digna, em especial em seu local de trabalho, onde a intimidade e a identidade do indivíduo são objetos de ingerências indevidas, sem a garantia da igualdade, bem como onde não há limitação do poder, não haverá espaço para a dignidade da pessoa humana, e esta não passará de mero objeto de abusos e injustiças. A concepção do homem-objeto, conforme observado, constitui justamente a antítese da noção da dignidade da pessoa humana[387].

---

(384) BARBOSA, Carlos Cezar. *Responsabilidade civil do Estado e das instituições privadas nas relações de ensino*. Rio de Janeiro: Forense Universitário, 2004. p. 8.
(385) SILVA, José Afonso. Ob. cit., p. 34.
(386) SARLET, Ingo Wolfgang. Ob. cit., p. 60.
(387) *Idem*, p. 60.

Dessa forma, não deve a universidade privada visar o professor como um artefato de sua atividade, como um instrumento, ou objeto que viabilizará a conquista do aluno/cliente para manutenção de sua "atividade lucrativa"; deve ser priorizado o ensino com qualidade, e, para tanto, deverá a instituição de ensino primar pelo respeito aos direitos fundamentais do docente, considerando a dignidade do professor como um fim em si mesma, e muito embora a noção de dignidade seja dúctil ou flexível, deve respeitar os parâmetros mínimos aceitos em determinada comunidade, sobretudo quando se trata da valorização do trabalho digno do professor.

A necessidade de se priorizar a dignidade do professor dentro do ambiente educacional que passa a ser seu ambiente de trabalho é tão essencial que, além de trazer reflexos positivos à universidade empregadora, por meio de um maior empenho e dedicação por parte deste empregado, que se sentirá valorizado e estimulado, fará cumprir-se a noção de democracia que permeia a Constituição Federal. Cabe lembrar que na época da ditadura militar a Constituição dialogava com o Estado, e, agora, a Constituição Democrática dialoga com a sociedade, vez que foi elaborada para a sociedade, passando a tratar das questões do Estado somente posteriormente, concluindo-se, pois, que a sociedade está ancorada no princípio da dignidade humana.

Ademais, o desrespeito a esse bem jurídico pode ensejar reflexos negativos de maiores proporções, vez que o assédio moral viola uma gama maior de direitos fundamentais em virtude da prática do ilícito de forma reiterada, podendo atingir os bens personalíssimos, a saúde e a vida.

Entretanto, muito se discute sobre a prevenção e a erradicação do assédio, bem como sobre quem é o responsável no caso de o docente ser vítima desta incivilidade em seu ambiente laboral, que caminha paralelamente ao ambiente educacional ou de ensino superior privado no caso em análise.

5.2. A RESPONSABILIDADE CIVIL DAS UNIVERSIDADES PELO ASSÉDIO MORAL SOFRIDO PELO PROFESSOR

O núcleo que envolve a ética empresarial atual é a ideia de responsabilidade social, em que se discutem as responsabilidades da empresa perante a sociedade e o meio ambiente, bem como todas as vantagens que a organização pode obter ao colocar em prática tais projetos.

Enquanto a ética é a maneira de colocar em prática a hierarquia de valores morais, a responsabilidade social consiste em efetivar estes valores éticos na administração, com eficácia e qualidade em prol da sociedade e dos indivíduos que a integram.

A empresa ética, ao invés de exaurir a energia do trabalhador, busca o bem-estar de seus empregados, parceiros e clientes, propiciando e estimulando a cultura, o lazer e os valores metamateriais (espirituais) que dignificam o homem. Especialmente por esta razão é que a Constituição Federal, nos capítulos da ordem social e da ordem econômicas embasou em pilares fundamentais como a valorização do trabalho humano, o bem-estar e a justiça social[388].

Fazer valer a responsabilidade social de uma empresa é colocar em primeiro plano as relações dos seres humanos, sobretudo dos empregados, além da ecologia e outros, por meio da ética da solidariedade, com respeito aos direitos fundamentais destes indivíduos e, somente em segundo plano, visar o lucro.

A ética empresarial deve concentrar-se na responsabilidade interna (de seu pessoal) e externa (perante o público) incentivando seu maior patrimônio, que é o respeito à mão de obra que lhe presta serviços, a qual limita a ganância desenfreada do lucro. Kravetz[389] orienta que:

> Para entender o tema da ética nas empresas, alguns autores afirmam que a mesma não pode estar submetida aos critérios de produtividade, sem que deva limitar-se a legalidade dos atos deste importante agente econômico. Ainda considerando que são fontes de emprego e prestam serviços imprescindíveis a comunidade, não devemos cair nas contradições que as vezes confundem a suas diretrizes. Com razão em términos econômicos, devemos recordar a definição própria de economia. "É uma ciência social que estuda a distribuição dos bens escassos para satisfazer as necessidades do homem como o fim de lograr o bem estar geral," a busca do bem-estar que ademais de eficiência e equidade deve ter incorporados a estas fundamentações os elementos princípios humanitários e eleger para a realização dos ditos fins nos meios apropriados, que obviamente devem ser os corretos, e sendo, estarão com critérios de ética na conduta humana[390].

---

(388) DALLEGRAVE NETO, José Afonso. Ob. cit., p. 568.
(389) KRAVETZ, Haydée M. Acoso psicológico en el trabajo: La ética en las organizaciones empresariais. *Revista de Derecho Laboral y Seguridad Social*, Buenos Aires, 2005, fasc:15, p. 1.193.
(390) "Para entender el tema de la ética en las empresas, algunos autores afirman que la misma no puede estar sometida a los criterios de productividad, sino que debe limitarse a la legalidad de los actos de este importante agente económico. Aun considerando que son fuente de empleo y prestan servicios imprescindibles a la comunidad, no debemos caer en las contradicciones que a veces confunden a sus directivos. Razonando en términos económicos, debemos recordar la definición misma de economía: 'Es una ciencia social que estudia la distribución de los bienes escasos para satisfacer las necesidades del hombre con el fin de lograr el bienestar general', la búsqueda del bienestar, que además de eficiencia y equidad debe tener incorporados a estos razonamientos los elementales principios humanitarios y elegir para la consecución

Com efeito, se a empresa privada deve cumprir sua função social, respeitando o ser humano, notadamente seus empregados como primordial finalidade, maior obrigação será daquela que tem como objeto a prestação de serviços educacionais, a qual se compromete com seus funcionários e seus alunos, indivíduos eivados de direitos fundamentais a serem respeitados e desenvolvidos.

A Constituição Federal criou um novo paradigma para as relações contratuais, consentâneo com os valores nela plasmados, sobretudo o da função social dos contratos, da dignidade da pessoa humana e da igualdade material, os quais formam o chamado solidarismo constitucional, revigorando-se a cláusula geral da boa-fé objetiva, a qual alcançou o ápice com o art. 51, IV, do Código de Defesa do Consumidor, que dispõe: "São nulas de pleno direito, entre outras, as cláusulas contratuais relativas ao fornecimento de produtos e serviços que: (...) IV — estabeleçam obrigações iníquas, que coloquem o consumidor em desvantagem exagerada, ou sejam incompatíveis com a boa-fé ou equidade"[391].

Considerando a atual visão sociopolítica, de que o incentivo à melhoria da educação de um povo é um instrumento socializador e de desenvolvimento no qual grande parte das políticas sociais é voltada para a inclusão escolar, as instituições de ensino passaram a ser espaço próprio e mais adequado para a construção coletiva e permanente das condições favoráveis para o pleno exercício da cidadania[392].

Logo, a leitura sobre a responsabilidade do empregador por eventuais danos sofridos por seus funcionários tem sido matéria de debate e de interpretações multifacetárias. A tênue divergência de interpretações permeia sobre a responsabilidade subjetiva ou objetiva do empregador.

Após inúmeras discussões sobre a interpretação do art. 1.521, III, do Código Civil Brasileiro de 1916, que subentendia a ideia de que a responsabilidade do empregador era subjetiva, ou seja, tinha que se comprovar que este concorreu para o dano, o art. 933 do Código Civil Brasileiro de 2002, que veio a substituir a previsão do citado dispositivo, clareou o entendimento de que a responsabilidade é objetiva por atos de seus empregados ou prepostos. Nesse sentido, o STF já havia se manifestado por meio da Súmula n. 341: "É presumida a culpa do patrão ou comitente pelo ato culposo do empregado ou preposto", e assim vem se solidificando a jurisprudência brasileira:

---

de dichos fines los medios apropiados, que obviamente deben ser los correctos, y de serlo estarán acordes con criterios de ética en la conducta humana". (tradução livre)
(391) DALLEGRAVE NETO, José Afonso. Ob. cit., p. 572.
(392) GUIMARÃES, Janaina Rosa. Fenômeno *bulling* — visão jurídica. Disponível em: <http://www.revista juridica.uol.com.br/advogados-leis/141563>. Acesso em: 3 jan. 2011.

ASSÉDIO MORAL E A RESPONSABILIDADE CIVIL DO EMPREGADOR. 1. O dano moral está presente quando se tem a ofensa ao patrimônio ideal do trabalhador, tais como: a honra, a liberdade, a imagem, o nome etc. Não há dúvidas de que o dano moral deve ser ressarcido (art. 5º, V e X, CF). O que justifica o dano moral, nos moldes da exordial, é o assédio moral. 2. O assédio moral é a exposição do trabalhador a situações humilhantes e constrangedoras, repetitivas e prolongadas durante a jornada de trabalho e no exercício de suas funções. 3. O empregador, pela culpa na escolha e na fiscalização, torna-se responsável pelos atos de seus prepostos (Súmula n. 341, STF). A responsabilidade é objetiva do empregador. Contudo, torna-se necessária a prova do preposto, logo, temos o fator da responsabilidade subjetiva, pela modalidade extracontratual (art. 159, Código Civil de 1916, atual 186, Código Civil de 2002). Os requisitos da responsabilidade civil subjetiva são: a) ato comissivo ou omissivo; b) dano moral; c) nexo causal; d) culpa em sentido amplo (dolo) ou restrito (negligência, imprudência ou imperícia). 4. O exame global das provas indica que não há elementos seguros para justificar a ofensa moral ou as agressões da Sra. Marta não só em relação ao autor, como também em relação aos demais funcionários. A prova há de ser cabal e robusta para o reconhecimento do dano moral. Não há elementos para se indicar a presença do assédio moral. Se não há o elemento do ato, deixa de se justificar a existência do próprio assédio. E, por fim, o dano moral é questionável, notadamente, quando o próprio autor disse que nunca procurou orientação psicológica ou reclamações perante o Ministério do Trabalho ou a Delegacia Regional do Trabalho. Diante da inexistência dos requisitos da responsabilidade civil, descabe a indenização por dano moral. (4ª Turma, tendo como relator Francisco Ferreira Jorge Neto, e revisor Salvador Franco de Lima Laurino, julgando em 22 de julho de 2003 o acórdão n. 20030661740).

Se a legislação impõe a responsabilidade da empresa no tocante aos atos ilícitos praticados por seus prepostos, com mais razão terá ela responsabilidade independente de culpa quando os atos ilícitos forem praticados de forma reiterada, configurando o assédio moral, sobretudo no âmbito das relações de trabalho inseridas no meio educacional universitário.

Para Sagarna[393], a responsabilidade das instituições de ensino na Argentina possui diversos entendimentos, dependendo de quando se trata de ensino infantil ou tratar-se de centros universitários:

> No campo contratual, quando se dão classes em ambientes terciários e universitários, se oferece tácita ou expressamente, ademais da obrigação principal de instrução, uma obrigação acessória de segurança, que é o resultado, já que se deve garantir aos estudantes a incolumidade devida para poder satisfazer plenamente o objeto da obrigação

---

(393) SAGARNA, Fernando Alfredo. Ob. cit., p. 162.

que ficaria truncada se o universitário não abandonasse o estabelecimento são e salvo, pois de que valeria a educação se o instituto não puder garantir prudência e o controle adequado dos alunos e do local da onde se professam as aulas[394].

Assim, se uma instituição de ensino, sobretudo privada, é responsável por um ato ilícito praticado por um funcionário ou qualquer pessoa que o represente, se tal ato ensejar dano ao aluno, mais acertadamente será responsável no caso de o ilícito ser praticado de forma reiterada, contínua, sobrepesando o dano sofrido pelo aluno ou por qualquer vítima dentro do ambiente educacional.

Em razão da responsabilidade do empregador pelos atos de seus prepostos, não se exime aquele quando tais atos são praticados de forma a perdurar no tempo e violem direitos fundamentais dos alunos, do professor ou de outras eventuais vítimas, porquanto, se há discussão entre a responsabilidade objetiva ou subjetiva do empregador pelos ilícitos praticados por seus prepostos, não há que discutir sobre a responsabilidade quando há perduração no tempo destes atos, vez que, no primeiro caso, o empregador, por vezes, não tinha como evitar ou sequer imaginar que seu preposto poderia cometer um ilícito, contudo, uma vez cometido, cabe ao empregador o dever de evitar a reincidência, não permitir que tal ilícito se perdure no tempo com a prática corriqueira[395].

Considerando, outrossim, que é o empregador que assume os riscos da atividade, deve ele atentar para evitar que os riscos recaiam sobre seus empregados ou terceiros que se encontram dentro do ambiente do trabalho, zelando por um ambiente saudável, equilibrado e harmonioso, livre da prática de ilícitos.

Caso o empregador seja processado e condenado judicialmente pela prática de assédio por um de seus prepostos, contra outro empregado, poderá utilizar-se do instituto da denunciação à lide, ocasião em que na fase de execução do processo a vítima poderá executar o empregador e este excutir o preposto assediante, ou então entrar posteriormente com uma ação de regresso, segundo entendimento de Dellagrave Neto[396].

---

(394) "En el campo contractual cuando se dan clases en ambientes terciarios y universidades, se ofrece tácita o expresamente además de la obligación principal de instrucción, una obligación accesoria de seguridad que es de resultado, ya que se debe garantizar a los estudiantes la indemnidad debida para poder satisfacer plenamente el objeto de la obligación que quedaría trunca si el universitario no abandonase el establecimiento sano y salvo; pues de qué valdría la educación si el instituto no pudiese garantizar prudencia y un control adecuado de los alumnos y del local donde se profesan las clases". (Tradução livre)

(395) DELGADO, Mauricio Godinho. Ob. cit., p. 199.

(396) DALLEGRAVE NETO, José Afonso. Ob. cit., p. 572.

Este zelo se torna contumaz quando se trata de um ambiente educacional, tornando a instituição de ensino superior, no caso, empregadora apta a responder pelos danos cometidos de forma reiterada pelos seus prepostos. O diretor ou responsável pela IES poderia se eximir de culpa se o ilícito fosse único ou, por exemplo, decorrente de força maior, quando não concorreu em qualquer modalidade para sua consecução, conforme entendimento de Sargana[397]:

> Como a presunção de responsabilidade (do art. 1.117 do Código Civil) é *juris tantum*, tal como se desprende da parte final da norma, o diretor do colégio pode demonstrar que nem sequer incorreu na culpa mediata. Deste ponto de vista, existe certa responsabilidade do diretor, que de acordo com as características do vendaval, frente a forma em que ocorreu o fato e o declarado (no sumário criminal), devia provar que os vidros da janela estavam em bom estado, de modo a dificultar essa classe de ações perigosas.

No entanto, quando se trata de prática reiterada, resta insofismável que o representante da universidade tem como evitar a repetitividade do ilícito, restando impossibilitado de alegar força maior ou desconhecimento da prática ilícita a fim de eximir-se de sua responsabilidade.

Diante disso, é irrefutável que o professor demonstre que informou de forma insofismável seu empregador de que estava sendo vítima de assédio, vez que este se configura pela repetitividade, e, com a demonstração da ciência da universidade sua empregadora, corroborará que mesmo com o aviso, a instituição de ensino quedou-se inerte, configurando sua negligência ao permitir a perpetuação do assédio.

Ademais, conforme demonstrado anteriormente, pela interpretação majoritária do atual Código Civil, a responsabilidade do empregador resta fixada como objetiva pelos atos de seus prepostos, de maneira que o empregador responderá independentemente de culpa e de forma solidária pelos atos de seus prepostos, sobretudo no caso do ambiente educacional, no qual os prepostos são outros professores, funcionários de secretaria, coordenação de curso, entre outros.

Sem dúvida, a problemática se instala no âmbito do ônus da prova, vez que, no caso de eclosão do assédio moral trabalhista, permeia grande dificuldade na comprovação em juízo da prática do assédio, o qual, por vezes, se consolida em lugares reservados, ou sem a presença de qualquer testemunha, até mesmo por telefone ou locais distintos ao ambiente do trabalho.

---

(397) Ob. cit., p. 216 (tradução livre).

Nesses casos, o juiz deve pautar-se na razoabilidade, de acordo com as circunstâncias que envolvem o caso, e dirimir-se pelas regras de indícios e presunções, nos moldes dos arts. 335 do CPC[398] e 852-D[399] da CLT, podendo utilizar-se inclusive de provas indiretas, aplicando-se sempre o princípio do protecionismo ao trabalhador, *in verbis:*

> Prova indireta — Eficácia probatória — Valoração. Prova indireta, no conceito emprestado pela doutrina, é aquela em que o fato objeto de percepção é diferente do fato que prova. E, para que reúna eficácia probatória, exige-se que haja estreita vinculação entre o fato provado e aquele que se pretendia demonstrar, de modo a permitir a conclusão que a existência de um implica, em dedução lógica, na do outro. Assim, onde há situações díspares e heterogêneas, a evidenciar a possibilidade de múltiplas realidades, dados particulares e específicos de uma delas não servem como referencial válido para impor interpretação no sentido de que eram comuns a todas. Recurso não provido. (TRT — 10ª R — 3ª T — RO n. 1483/2002 — Rel. João Luís R. Sampaio — *DJDF* 20.9.2002 — p. 19) .

Por analogia, a ideia da prova por presunção pode socorrer-se dos ensinamentos de Pamplona Filho[400]:

> Desta forma, para que o juiz se convença da existência dos fatos narrados na exordial, o autor deverá indicar indícios que possibilitem a configuração da presunção de que se trata de algo que ordinariamente acontece, o que não deixa de ser uma atividade processual instrutória concreta. Por outro lado, não sendo esta presunção *juris et de jure*, o réu (e, eventualmente, o denunciado da lide) deve ter oportunidade de apresentar elementos que impeçam o reconhecimento da presunção *hominis*. Sobre essas presunções, leciona *Carlos Alberto Bittar* que "esses reflexos são normais e perceptíveis a qualquer ser humano, justificando-se dessa forma, a imediata reação da ordem jurídica contra agentes, em consonância com a filosofia imperante em tema de reparação de danos, qual seja, a da facilitação da ação da vítima na busca da compensação. Há, assim, fatos sabidamente hábeis a produzir danos de ordem moral, que à sensibilidade do juiz logo se evidenciam."

---

(398) "Art. 335. Em falta de normas jurídicas particulares, o juiz aplicará as regras de experiência comum subministradas pela observação do que ordinariamente acontece e ainda as regras da experiência técnica, ressalvado, quanto a esta, o exame pericial".

(399) "Art. 852-D. O juiz dirigirá o processo com liberdade para determinar as provas a serem produzidas, considerado o ônus probatório de cada litigante, podendo limitar ou excluir as que considerar excessivas, impertinentes ou protelatórias, bem como para apreciá-las e dar especial valor às regras de experiência comum ou técnica".

(400) Ob. cit., p. 149.

Inobstante à interpretação do julgamento por indícios, não necessitará o empregado vítima do assédio corroborar sua dor ou aflição, bastando apenas fazer prova do fato em si, vez que o dano moral existe *in re ipsa*, averiguando-se que o prejuízo do ofendido está ínsito no fato em si[401].

Um respaldo importante em que o docente pode se socorrer no momento de provar o assédio sofrido é informar ao empregador que está sendo vítima deste fenômeno por meio de provas materiais como carta, notificação, *e-mail,* solicitando providências por parte da IES, a fim de corroborar que, apesar da ciência do empregador da ocorrência da citada prática, este se quedou inerte, compactuando com a perpetuação do assédio e, por consequência, não cumprindo a obrigação de manter o ambiente de trabalho do professor equilibrado, harmonioso e sadio.

5.2.1. *Responsabilidade civil das universidades em face do assédio moral praticado pelos alunos contra o professor*

O problema da violência sofrida pelo professor agrava-se quando o assédio é praticado por terceiros, mormente por alunos indisciplinados e incivilizados, o que merece análise jurídica profícua e aprofundada, vez que a legislação positiva específica se restringe à responsabilidade do empregador no tocante aos atos ilícitos praticados pelos prepostos, omitindo-se na hipótese do ilícito praticado por terceiros, principalmente no caso de repetitividade do ato.

Considerando a responsabilidade da instituição de ensino perante os atos ilícitos ocorridos dentro de seu espaço físico, em especial quando tal conduta ocorre de forma repetitiva, tendo como vítima o professor, a situação merece uma abordagem mais peculiar, a fim ser analisada com mais atenção.

As universidades possuem o condão de propiciar um ambiente laboral equilibrado e salutar para os docentes, não se desincumbindo do ônus de evitar a violência praticada pelos alunos, sobretudo aquela que ocorre de forma reiterada, influenciando negativamente o ambiente de ensino e laboral, além da produtividade do professor, o qual tem seus direitos personalíssimos e fundamentais desrespeitados.

Para tanto, é oportuno lembrar que os direitos da personalidade são o conjunto unitário de direitos subjetivos e essenciais do indivíduo em seu aspecto físico, moral e intelectual. Em virtude de sua característica ínsita ao homem, eventual silêncio do legislador na enumeração dos direitos de personalidade não tem o condão de inibir a afirmação de sua existência, sobretudo nas relações inerentes ao âmbito laboral[402].

---
(401) DALLEGRAVE NETO, José Afonso. Ob. cit., p. 282.
(402) *Idem*, p. 555.

É preciso repersonalizar o professor/empregado como sujeito de direito, o reconhecendo como ser humano, e, nessa dimensão, o reconhecendo como elemento principal e nuclear da nova ordem constitucional, a qual lhe assegura dignidade, bem-estar e justiça social (arts. 1º, III, 170 e 193 da CF)[403].

Não se deve olvidar também dos princípios do direito do trabalho, mormente o princípio do protecionismo, o da razoabilidade e o da dignidade da pessoa humana, os quais têm força de norma e devem nortear as regras para essas relações peculiares.

Ademais, a harmonia no *habitat laboral* do professor, considerando tudo que envolve direta e indiretamente o local onde o indivíduo obtém os meios para prover sua subsistência[404], ou seja, especialmente a sala de aula, é essencial para que o docente desenvolva qualitativamente a arte do ensino, cumprindo, assim, a função delegada pelo Estado à Instituição de Ensino Superior privada, que é a de primar pelo direito fundamental e social da educação.

As universidades, representadas por seus agentes (dirigentes), devem zelar pela integridade física e psicológica de seus docentes, tendo o dever de vigiar, fiscalizar e empreender diligências que visem evitar ou atenuar a ocorrência de *bullying* no ambiente educacional[405].

Essas instituições de ensino tornam-se éticas e cumprem sua finalidade social quando comportam-se de acordo com seu propósito de "agir-virtuoso", nos moldes dos ensinamentos de Aristóteles na obra "*Ética e Nicômaco*", na qual sustenta que a virtude é "um meio-termo entre dois vícios, um por excesso e outro por falta, pois nos vícios ou há falta ou há excesso daquilo que é conveniente no que concerne às ações e às paixões, ao passo que a virtude encontra e escolhe o meio termo"[406].

A prática do assédio é tão desastrosa que pode acarretar não somente a violação de direitos fundamentais do docente, mas traumas e resquícios psicológicos negativos que o impedem de trabalhar e obstacularizam sua produtividade, não podendo ficar impune a instituição de ensino que é conivente com este tipo de violência ou incivilidade.

---

(403) *Ibidem*, p. 555.
(404) MANCUSO, Rodolfo de Camargo. Ação civil pública trabalhista: análise de alguns pontos controvertidos. *Revista do Processo*, São Paulo, ano 24, n. 93, p. 59, jan./mar., 1999.
(405) ALKIMIN, Maria Aparecida; NASCIMENTO, Grasiele Augusta Ferreira. Violência na escola: o *bullying* na relação aluno-professor e a responsabilidade jurídica. Anais do XIX Encontro Nacional do Conpedi, 2010, p. 2.811.
(406) ARISTOTELES. Ética a Nicômaco. São Paulo: Martin Claret, 2001. p. 49.

Especialmente nas universidades privadas, onde os discentes, por vezes, não trazem de casa uma boa bagagem de educação, acostumados sempre a ter quem atenda a todos seus anseios, e a priorizar o "ter" em vez do "ser", quando são contrariados, seja por meio de notas baixas, seja por imposição de limites, no âmbito educacional, acabam expressando toda incivilidade para o docente, que é o preposto da universidade que possui um contato mais direto com o aluno.

A responsabilidade jurídica das universidades impõe a elas o dever de zelar pela integridade física e psíquica dos discentes e docentes, sendo responsáveis civilmente pelos danos causados por seus educandos, de forma objetiva, nos moldes pautados pelo Estado, de acordo com os arts. 932, IV e 933 do Código Civil. Não obstante, ao considerar que o assédio moral é a prática de uma conduta ilícita de forma repetitiva e reiterada, ao tomar conhecimento desta violência contra o professor, a instituição que se comporta de forma negligente e inerte viola o dever de vigilância, fiscalização e eleição, recaindo nela, pois, a responsabilidade jurídica de indenizar a vítima, que é seu empregado, e de arcar com os demais prejuízos[407].

Por conseguinte, se o assédio provocado por terceiros estranhos à relação de trabalho perpetuar-se pela omissão do empregador, no caso a universidade que deixou de tomar as providências cabíveis para elisão do dano, resta insofismável sua responsabilidade, de acordo com a dicção do art. 186 do Código Civil, que prevê, outrossim, que o ato ilícito pode originar-se da omissão voluntária.

Ademais, o art. 421 do Código Civil estatui que "a liberdade de contratar será exercida em razão e nos limites da função social do contrato". E o art. 422 do mesmo diploma dispõe, *in verbis:* "os contratantes são obrigados a guardar, assim na conclusão do contrato, como em sua execução, os princípios de probidade e boa-fé". Tanto estes como os demais dispositivos civis já citados, que tratam da aplicação das cláusulas gerais da boa-fé, da função social e do abuso do direito na órbita do contrato de trabalho, são aplicados de forma imediata, em conformidade com o parágrafo único do art. 8º da CLT, que aponta o direito comum como fonte subsidiária do direito do trabalho[408].

A responsabilidade da instituição de ensino privada na figura de empregador também pode extrair-se do entendimento da Súmula n. 39 do TST, que assim dispõe: "É dever do empregador e do tomador dos serviços zelar por um ambiente de trabalho saudável também do ponto de vista da

---
(407) ALKIMIN, Maria Aparecida. Ob. cit., p. 2.818.
(408) DALLEGRAVE, José Affonso. Ob. cit., p. 572.

saúde mental, coibindo práticas tendentes ou aptas a gerar danos de natureza moral ou emocional aos seus trabalhadores, passíveis de indenização"[409].

A inércia das instituições privadas na busca de resoluções para conflitos oriundos da prática do assédio, bem como no aperfeiçoamento da harmonia do ambiente do trabalho, implica culpa na relação contratual, refletindo, sobretudo, uma situação permissiva para o docente requerer a rescisão indireta do contrato de trabalho, com o recebimento das respectivas verbas.

A universidade, configurada como empregador, deve atentar-se, outrossim, para o princípio da função social da propriedade, e tal imposição significa um atuar em favor dos empregados, o que, na prática, é refletido pela "valorização do trabalhador, por meio de um ambiente hígido, salário justo e, acima de tudo, por um tratamento que enalteça a sua dignidade enquanto ser humano (arts. 1º, 3º, 6º, 7º, 170 e 193, todos da CF)[410].

Numa análise sistêmica da ordem jurídica, observa-se que a CRFB prima pela unidade de seus valores e princípios, como a boa-fé, a função social do contrato (e da propriedade) e o abuso do direito, os quais constituem parâmetros de interpretação dos negócios jurídicos, mormente do contrato de trabalho. Não se deve negar a imbricação desses valores, ao cume de autores influenciados pela escola alemã assimilarem-no ontologicamente[411].

Entretanto, deve-se verificar de forma insofismável se a instituição de ensino empregadora efetivamente tinha ciência do assédio que avassalava o docente, a fim de evitar a aplicação da responsabilidade objetiva do empregador sob qualquer modalidade, o que pode fragilizar o ambiente de trabalho e as relações laborais.

O assédio moral oriundo de um colega de profissão ou de um trabalhador relativo à hierarquia impõe a necessidade de ser assumido pelo assediador, além da responsabilidade do empregador, sendo que, para este último, cabe responsabilidade somente quando assume uma postura negligente e inerte, apesar do conhecimento da prática do assédio contra o professor, ao invés de procurar coibir tal comportamento dentro da empresa e evitar a reincidência ou o alastramento desta prática no ambiente de trabalho[412].

Certamente, o entendimento acima pode ser usado analogicamente no caso do assédio decorrente da conduta do discente contra o docente, vez que o foco da análise em debate é o ambiente de ensino privado de curso superior, no qual pressupõe-se que a maioria dos discentes já é maior

---

(409) *Idem*, p. 273.
(410) *Idem*, p. 274.
(411) WANDELLI, Leonardo Vieira. *Despedida abusiva*. O direito (do trabalho) em busca de uma nova racionalidade. São Paulo: LTr, 2004. p. 424.
(412) HIRIGOYEN, Marie-France. Ob. cit., p. 81.

civilmente, devendo responder por suas condutas. Já nas raras hipóteses do discente ser menor de idade, a responsabilidade recairia sob seu responsável legal.

Entretanto, não se pode excluir a responsabilidade da empresa, no caso a instituição privada de curso superior, em razão de sua função social, conforme observa Dellagrave Neto[413]:

> Hodiernamente, a verdadeira e lídima empresa é vista como uma instituição social, sendo inelutável sua função social e de valorização do trabalho, conforme se depreende da aplicação do art. 170 e incisos da Carta Constitucional, sobretudo porque é nela que se aloca a maior parte da mão de obra produtiva do país, porque é ela a fornecedora de bens e serviços necessários à sociedade e ela que arrecada os tributos que compõe o patrimônio do Estado. Nessa esteira, o empregador deve não só dar efetividade às normas e princípios trabalhistas, mas outrossim, deve veementemente proteger o trabalhador da prática de atos atentatórios à dignidade humana, como o assédio moral, o assédio sexual, as condutas discriminatórias, entre outras, e a ciência de que um de seus empregados, no caso o professor, está sendo vítima de tais condutas de forma reiterada, eleva para o empregador, o ônus de erradicar a afronta à dignidade e restabelecer a harmonia e o equilíbrio do ambiente de trabalho do docente.

A universidade empregadora deve agir com boa-fé e atentar que o poder de comando que lhe é inerente tem limites na esfera legal e no próprio contrato que possui função social; com efeito, não pode nem deve violar os direitos de personalidade e de tratamento do docente empregado, nem tampouco ser conivente com tais práticas, o que refletiria um abuso do poder.

Alfredo Ruprecht explicita sobre os limites do *jus variandi*, como respeitar a dignidade do trabalhador, tanto no sentido físico, econômico e moral[414].

Com efeito, a inércia do empregador enseja a perpetuação da afronta aos direitos personalíssimos à dignidade do docente, podendo este malefício estender-se até sua saúde, legitimando, a partir de então, a responsabilidade da instituição de ensino em indenizar seu empregado pelos danos morais e materiais, caso se materializem.

Contudo, independentemente, e sem prejuízo, da responsabilidade em indenizar o docente/empregado vítima do assédio praticado por seus alunos, nos moldes e parâmetros analisados no capítulo da responsabilidade civil,

---

(413) DALLEGRAVE, José Affonso. Ob. cit., p. 563.
(414) RUPRECHT, Alfredo. *Os princípios do direito do trabalho*. Tradução de Edilson ALkimin Cunha. São Paulo: LTr, 1995. p. 107.

cabe à instituição de ensino dedicar-se a evitar esta prática e amenizar suas consequências, assim como estimular o fortalecimento da autoestima do docente, valorizá-lo perante os atores do ambiente educacional e laboral, apoiá-lo incondicionalmente quando conscientizar-se do assédio do qual vem sendo vítima, entre outros.

Já no tocante aos discentes, a universidade deve nomear, divulgar e esclarecer sobre a pratica do assédio, pois diversas vezes o entendimento é subjetivo, justificando, pois, a demonstração insofismável sobre como e quais seus limites. Outrossim, estimular o reconhecimento pesaroso da conduta por parte do agressor, incentivando-o ao arrependimento diante daqueles que testemunharam a prática, estimular os alunos a informar os casos de assédio, aplicar sanções efetivas e proporcionais sem o uso da violência, a fim de demonstrar que não admitirá esta prática naquele ambiente, dialogar abertamente sobre o fenômeno, conscientizando os discentes sobre os malefícios desta conduta, por meio de situações hipotéticas de troca de papéis, ilustrativamente, ou, pela exibição de filmes que tratam do tema.

Todas essas condutas são de responsabilidade da instituição de ensino superior privado em seu papel de fornecedora de ensino e primordialmente em seu papel de empregadora, vez que seu ambiente não deve ser tão somente de ensino, ou laboral, mas de formação cidadã e ética, respeitadora e garantidora de direitos e deveres de todos os atores que nela circulam em suas diversas relações interpessoais.

Nesse esteio, reduzir a prevalência do assédio moral nas universidades pode caracterizar-se como uma medida de saúde pública, vez que seu alastramento desenfreado e sua gravidade compelem os pesquisadores a investigar os riscos e os fatores de proteção. O conhecimento, que, segundo Focault é a maior fonte de poder, deve ser utilizado como fundamentação para orientar e direcionar a prática de políticas públicas e para delinear as técnicas multidisciplinares que buscam atenuar esse comportamento agressivo do aluno contra o docente de forma eficaz, hábil a proporcionar um ambiente de trabalho salutar e harmonioso para o docente, ético e social, beneficiando todos os atores que circulam neste ambiente, sob o ápice garantidor do pleno exercício da cidadania e da justiça social.

CONSIDERAÇÕES FINAIS

O cenário educacional envolve relações jurídicas de distintas naturezas, como as de trabalho entre as universidades privadas e os docentes e as de consumo entre aquelas e discentes, sendo que, nesta última, o docente também faz parte da relação.

Contudo, na busca desenfreada por manter os alunos consumidores e aumentar o seu quadro de "clientes", as universidades privadas, por vezes, descuidam-se dos princípios mínimos de proteção aos docentes e os expõem à situações precárias, desgastantes, abusivas, e a um ambiente laboral desequilibrado e estressante, o que pode ser aguçado pela prática de incivilidade e violência por parte dos alunos contra os professores.

Essa violência, caracterizada pela prática de ilícitos por parte dos alunos, quando ocorrida de forma repetitiva e reiterada configura-se como assédio moral, acarretando uma universalidade de danos e prejuízos ao docente, sobretudo a afronta à sua dignidade, aos direitos personalíssimos e demais direitos laborais, que o impedem de exercer sua cidadania de forma plena e seu direito ao trabalho de forma digna.

Com efeito, se o assédio contra o professor ocorrer no ambiente laboral ou em razão deste, mesmo que praticado pelo aluno, que é um terceiro à relação de trabalho, pode ensejar a responsabilidade da universidade empregadora, desde que se perfaça insofismavelmente que, muito embora tenha o docente informado a seu empregador sobre o assédio sofrido por parte dos discentes, não tenha havido nenhuma providência ou diligência por parte de seus superiores com intuito de evitar a perpetuação do assédio, quedando-se inerte no dever de proteção e manutenção de um ambiente de trabalho saudável e equilibrado para seus empregados; ou seja, atrai a universidade o ônus da responsabilidade por esta negligência perante seu empregado, sem prejuízo, sem dúvida, da responsabilidade do agressor ou dos agressores.

É cediço que, depois da instituição familiar, é na escola que os indivíduos aprendem as regras mínimas de civismo e educação para uma vida em sociedade, imperando que as instituições de ensino priorizem esses valores dentro de seu ambiente por meio do exemplo e da conscientização do respeito aos direitos fundamentais de todos que se inter-relacionam no ambiente educacional. Para tanto, as instituições de ensino superior, principalmente as universidades privadas devem regrar-se por normas eficazes em internalizar a noção da ética e da educação em cada sujeito desse ambiente, freando os excessos e abusos que violam e impedem o exercício da cidadania do outro.

Neste prisma, deve-se considerar que a figura do professor há de ser notadamente valorizada e respeitada pela instituição de ensino a fim de mostrar a todos, especialmente aos alunos, sua importância como pessoa e como instrumento do desenvolvimento humano por meio da educação.

Sem dúvida, se tais valores não forem respeitados, nem sequer garantidos pelas universidades privadas, o professor será visto como hipossuficiente, como alguém que não consegue se impor no cenário educacional e que muitas vezes atrapalha a plena satisfação do aluno consumidor perante a instituição de ensino, ensejando a prática de ilícitos de ambos os lados em face do docente, o que, em razão da continuidade dessa relação, transforma-se em assédio moral, acarretando na violação, entre outros, do bem jurídico maior que é a dignidade humana e que restringe o exercício da cidadania.

Por conseguinte, a universidade também possui a função social em seu papel de empregadora, restando inserida em um processo democrático, o qual busca preservar o conceito de cidadania, devendo garantir ao professor um ambiente de trabalho salutar, harmonioso e equilibrado, mantendo-se incólume, todos os princípios e direitos fundamentais e trabalhistas de seu empregado, tanto os individuais e coletivos quanto os sociais, todos extremamente relevantes à ordem social, que deve ser dimensionada pelo princípio da dignidade humana e do valor social do trabalho.

Com isso, a universidade empregadora passa a exercer um importante papel na sociedade, vez que o respeito pelo professor por ela contratado influencia todo o contexto social.

É evidente que cabe ao Estado a satisfação dos anseios sociais, entretanto, em razão da conjectura atual na qual os princípios básicos garantidos pela Constituição muitas vezes não são observados na prática, cabe às empresas empregadoras, em respeito aos preceitos éticos e morais, colaborar, na medida de suas possibilidades, cumprindo, assim, sua função social.

Assim, caso não se atente à sua responsabilidade, os efeitos podem ser danosos para a própria universidade, vez que a não observância dos direitos do professor e da proteção de sua dignidade acarreta no desestímulo do profissional, refletindo diretamente na qualidade de ensino, que é o objeto principal dessas instituições e, por consequência, na satisfação dos alunos e na procura deles pela citada universidade.

Reduzir a prevalência de assédio moral nas escolas pode ser uma medida de saúde pública altamente efetiva para o século XXI. A sua prevalência e a sua gravidade compelem os pesquisadores a investigar os riscos e os fatores de proteção, associados à iniciação, manutenção e interrupção desse tipo de comportamento agressivo, o que pode ser realizado por meio da mediação de conflitos ou de outros mecanismos de solução pacífica de conflitos. O conhecimento adquirido com os estudos e a conscientização acerca do problema devem ser utilizados como fundamentação para orientar e direcionar a formulação de políticas públicas e para delinear as técnicas multidisciplinares de intervenção que possam reduzir esse problema de forma eficaz. Assim, compete à universidade responsabilizar-se para atenuar e erradicar esta prática cruel diante do desrespeito flagrante e da ausência de noções básicas de civilidade, ou até de violência psicológica que se testemunha atualmente, entre alunos contra seus mestres e professores.

A valorização do docente em seu *habitat* laboral, além de cumprir os objetivos constitucionais e legais, traz vantagens econômicas, sociais e jurídicas, efetivando por parte do empregador o cumprimento dos alicerces basilares da Constituição, por meio do respeito aos direitos fundamentais e da valorização social do trabalho, da dignidade humana e do primado ao trabalho, alicerçado na construção e sustentação de uma sociedade livre, justa e solidária.

BIBLIOGRAFIA E WEBGRAFIA

ABNT — *Associação Brasileira de Normas Técnicas*. maio, 2004.

ACKERMAN, Mario E. (director) *et all. Tratado de derecho del trabajo* — Tomo I, II e III, Santa Fé: Rubinzal — Culzoni Editores, 2005.

AGUIAR, Roberto A. R. de. *Habilidades:* ensino jurídico e contemporaneidade. Rio de Janeiro: DP&A editora, 2004.

AHUAD, Ernesto J. El processo de formación del bossing/mobbing y su manifestación em el âmbito de las relaciones laborales. *Revista Doctrina*, Buenos Aires, 2006, fasc:06.

ALCALDE, Luisa. Colégios rastreiam site em busca de *cyberbullying*. *Jornal da Tarde*, 17 abril 2011.

ALKIMIN, Maria Aparecida. *Assédio moral na relação de emprego*. Curitiba: Juruá, 2007.

_____ ; NASCIMENTO, Grasiele Augusta Ferreira. Violência na escola: O *bullying* na relação aluno-professor e a responsabilidade jurídica. *Anais do XIX Encontro Nacional do Conpedi*, junho de 2010.

AQUINO, Julio Groppa. *Do cotidiano escolar:* ensaios sobre a ética e seus avessos. São Paulo: Summus, 2000.

ARENDT, Hannah. *Da violência*. Tradução de Maria Cláudia Drummond Trindade. Editora Universidade de Brasília, 1985.

ARISTÓTELES. Ética e Nicômaco. São Paulo: Martin Claret, 2001.

AZEVEDO, Álvaro Villaça. *Curso de direito civil* — teoria geral das obrigações. São Paulo: Revista dos Tribunais, 1981.

BARBADO, Patricia. A modo de presentación: el abordaje multidisciplinario del acoso psicológico en el trabajo (mobbing). *Revista Doctrina*, Buenos Aires, 2005, fasc:15.

_____ . El acoso psicológico en el ámbito laboral de la Organización Internacional del Trabajo. *Revista de Derecho Laboral y Seguridad Social*, Buenos Aires, 2005, fasc:19.

BARBOSA, Carlos Cezar. *Responsabilidade civil do estado e das instituições privadas nas relações de ensino*. Rio de Janeiro: Forense Universitário, 2004. p. 8.

BARRETO, Margarida Maria Silveira. *Violência, saúde e trabalho:* uma jornada de humilhações. São Paulo: Educ, 2005.

_____ . *Curso de direito do trabalho*. São Paulo: LTr, 2005.

BARROS, Alice Monteiro. *A mulher e do direito do trabalho*. São Paulo: LTr, 1998.

_____ . *Curso de direito do trabalho*. 4. ed. São Paulo: LTr, 2005.

BASILE, César Reinaldo Offa. *Direito do trabalho.* São Paulo: Saraiva, 2008.

BASTOS, Celso Ribeiro. *Hermenêutica e interpretação constitucional.* São Paulo: Celso Bastos Editor. 1998.

BITTAR FILHO, Carlos Alberto. Do dano moral coletivo. *Revista de Direito do Consumidor*, São Paulo: Revista dos Tribunais, n. 12, p. 44-62, out./dez. 1994.

BOBBIO, Norberto. *A era dos direitos.* Tradução de Celso Lafer. Rio de Janeiro: Campus, 2004.

BONAVIDES, Paulo. *Curso de direito constitucional.* São Paulo: Malheiros, 2002.

BRASIL, Código de Defesa do Consumidor. Lei n. 8.078/90. São Paulo: Saraiva, 2006.

BRASIL, Código Civil. Lei n. 10.406 de 10.1.2002. 55. ed. São Paulo: Saraiva (Legislação Brasileira), 2004.

BRASIL, Código de Processo Civil. 34. ed. São Paulo: Saraiva, 2002.

BRASIL, Consolidação das Leis Trabalhistas. 4. ed. São Paulo: RT minicódigos. Organizador Nelson Mannrich, 2003.

BRASIL, Constituição da República Federativa do Brasil. 29. ed., atualizada e ampliada. São Paulo: Saraiva (Coleção Saraiva de Legislação), 2002.

BRASIL, Legislação Previdenciária. Lei n. 8.213/91, 4. ed. São Paulo: RT minicódigos. Organizador Nelson Mannrich, 2003.

CAMARGO, Duílio Antero. A organização do trabalho pode favorecer o assédio moral e o adoecimento dos trabalhadores. *Revista Proteção*, Rio Grande do Sul, Ano XX, setembro/2007.

CASAMAJOR, Maria L.; OLIVARES, Francisco J. Abajo. *Mobbing y resiliencia:* Las víctimas y su recuperación. *El Acoso Psicológico en el Trabajo (Mobbing).* Enfoques Multidisciplinares — Coordinadora: Patrícia B. Barbado. Buenos Aires, julho/2007.

CASTELO, Jorge Pinheiro. A prova do dano moral trabalhista. *Revista do Advogado — AASP*, São Paulo. Ano XXII, n. 66, junho.2002.

DALLEGRAVE NETO, José Affonso. *Responsabilidade civil no direito do trabalho.* São Paulo: LTr, 2009.

DELGADO, Mauricio Godinho. *Curso de direito do trabalho.* São Paulo: LTr, 2011.

_____ . *Doutrina — Revista do Trabalho.* ST n. 186, dezembro/2004.

DIAZ, Viviana L. Acoso laboral. Su implicância em las relaciones laborales. *Revista Doctrina*, Buenos Aires, 2005, fasc:14.

DINIZ, Maria Helena. *Curso de direito civil brasileiro.* São Paulo: Saraiva, 2003. v. 7.

_____ . *Dicionário jurídico.* São Paulo: Saraiva, 1998. v. 4.

DUARTE, Regina A. Os impactos da globalização nas relações de trabalho. *Revista do Advogado — AASP*, São Paulo. Ano XXII, n. 66, junho.2002.

ECO, Umberto. *Como se faz uma tese.* 14. ed. São Paulo: Perspectiva, 1996.

FARIAS, Cecília Martins. Violência contra o professor. In: PEREIRA, José Luciano de Castilho (Coord.). *Professores:* direitos trabalhistas e previdenciários dos trabalhadores no ensino privado. São Paulo: LTr, 2008.

FERNANDES, Florestan. O desafio educacional. *Jornal de Brasília*, de 23.3.2989. São Paulo; Cortez: 1989.

FERREIRA, Aurélio Buarque de Holanda. *Novo dicionário Aurélio da língua portuguesa*, rev. e atual. Curitiba: Positivo, 2005.

FIORELLI, José Osmir; MALHADAS JUNIOR, Marcos Julio Olivé. *Psicologia nas relações de trabalho*. São Paulo: LTr, 2003.

FIORILLO, Celso Antonio Pacheco; RODRIGUES, Marcelo Abelha. *Manual de direito ambiental e legislação aplicável*. São Paulo: Max Limonad, 1997.

FONSECA, Rodrigo Dias da. Assédio moral — breves notas. *Revista LTr*. 71-01. São Paulo, 2007.

FORBES, Jorge. Freud explica? Disponível em: <http://www.*revistamelhor*.uol.com.br/textos/222/artigo222642>.

FRANÇA, Ana Cristina Limongi; RODRIGUES, Avelino Luiz. *Stress e trabalho, uma abordagem psicossomática*. São Paulo: Atlas, 1999.

FREIRE, Paulo. *Educação como prática da liberdade*. São Paulo: Paz e Terra S/A, 2009.

GARCIA, Alonso. *Curso del Derecho del trabalho*. Barcelona: Bosh, 2006.

GEORGES, RIPERT. *O regime democrático e o direito civil moderno*. Tradução de J. Cortezao. São Paulo: Saraiva, 1937.

GOHN, Maria da Glória. Movimentos sociais e educação. *Coleção Questões da Nossa Época*. São Paulo: Forense, 2005.

GONÇALVES, Carlos Roberto. *Direito civil brasileiro*. 2. ed. rev. e atual. São Paulo: Saraiva, 2007.

GUEDES, Márcia Novaes. *Terror psicológico no trabalho*. São Paulo: LTr, 2003.

GUIMARÃES, Janaina Rosa. *Fenômeno bullying* — Visão Jurídica. Disponível em: <http://www.Revistajuridica.uol.com.br/advogados-leis/141563>.

HANS, Kelsen. *Teoria pura do direito*. Tradução de João Batista Machado. 4. ed. Coimbra: Armênio Amado, 1976.

HEMÉRITO, Rilma Aparecida. Assédio moral no trabalho. *Revista IOB Trabalhista e Previdenciária*. Ano XVII. N. 208. Thomson IOB. 2006.

HIRIGOYEN, Marie-France. *Assédio moral:* a violência perversa do cotidiano. Tradução de Maria Helena Kuhner. 5. ed. Rio de Janeiro: Bertrand Brasil, 2002.

_____ . *Mal-estar no trabalho:* Redefinindo o Assédio Moral. Tradução de Rejane Janowitzer. Rio de Janeiro: Bertrand Brasil, 2002.

KANT, Immanuel. *Crítica da razão pura*. In: *Os Pensadores*. Trad. Valério Rohden e Udo Valdur Moosburger. São Paulo: Nova Cultural, 1996.

KOELLER, Sonia Maria. *Avaliação como instrumento articulador do coletivo na escola:* experiência em uma unidade rural. Dissertação (Mestrado em Psicologia da Educação). Pontifícia Universidade Católica de São Paulo (PUC/SP), 1995, p. 27-28.

KRAVETZ, Haydée M. Acoso psicológico en el trabajo: la ética en las organizaciones empresariais. *Revista de Derecho Laboral y Seguridad Social*, Buenos Aires, 2005, fasc:15.

LABANCA, Ricardo. *A responsabilidade civil das instituições de ensino*. Disponível em: <http://www.repweb.com.br/novo/materia>.

LIMA, Francisco Gérson Marques de. *Proteção do direito do trabalho aos professores universitários*. Fortaleza: Adunifor, 2007.

MANCUSO, Rodolfo de Camargo. Ação civil pública trabalhista: análise de alguns pontos controvertidos. *Revista do Processo*, São Paulo, ano 24, n. 93, p. 59, jan./mar., 1999.

MARTINS, Sergio Pinto. *Direito do trabalho*. São Paulo: Atlas, 2011.

MARTORELL, Ernesto E. *Indemnización del daño moral por despido*. Buenos Aires: Hammurabi, 1994.

MIRANDA, Jorge. *Manual de direito constitucional*. Coimbra: Coimbra editora, 1988. v. 4.

MONTEIRO, Washington de Barros Monteiro. *Curso de direito civil — direito das obrigações*. Atualizado por Carlos Alberto Dabus Maluf e Regina Beatriz Tavares da Silva. São Paulo: Saraiva, 2003.

MORAES, Alexandre de. *Curso de direito constitucional*. São Paulo: Atlas, 2010.

MORAES, Maria Celina Bodin de. Risco. Solidariedade e responsabilidade objetiva — *Revista dos Tribunais*. São Paulo: RT, Ano 95, volume 854, dezembro/2006.

_____ . *Danos à pessoa humana — uma leitura civil — constitucional dos danos morais*. Rio de Janeiro: Renovar, 2003.

MORE, Thomas. *A utopia*. Tradução. São Paulo: Martin Claret, 2005.

MOSSIN, Heráclito Antonio. *Assédio sexual e crimes contra os costumes*. São Paulo: LTr, 2002.

NASCIMENTO, Amauri Mascaro. *Curso do direito do trabalho*. São Paulo: Saraiva, 2009.

NASCIMENTO, Sônia Mascaro. *Assedio moral no ambiente do trabalho*, 2004.

NASSIF, Elaine. *Burnout, mobbing* e outros males do *stress*: aspectos jurídicos e psicológicos. *Revista LTr*. 70-06. São Paulo. 2006.

NUNES, Rizzatto. *Curso do Direito do Consumidor*. São Paulo: Saraiva, 2004.

OLIVEIRA, Francisco Antonio. Gênesis — *Revista de Direito do Trabalho*. Curitiba: Genesis Editora, agosto/97.

OLIVEIRA, Sebastião Geraldo. *Proteção jurídica à saúde do trabalhador*. São Paulo: LTr, 2002.

OLIVEIRA, Silvio Luiz. *Sociologia das organizações* — uma análise do homem e das empresas no ambiente competitivo. São Paulo: Pioneira, 1999.

PAMPLONA FILHO, Rodolfo Mário Veiga. *O assédio sexual na relação de emprego*. São Paulo: LTr, 2001.

_____ . Noções conceituais sobre o assédio moral na relação de emprego. *Revista LTr* 70-09 São Paulo, 2006.

PASSOS, Mauro. *Assédio moral nas relações de trabalho*. Brasília: Centro de documentação e informação. Coordenação de publicações da Câmara dos Deputados, 2004. p. 29.

PEREIRA, Caio Mário da Silva. *Responsabilidade civil*. Rio de Janeiro: Forense, 2003.

PIOVESAN, Flávia. *Direitos humanos e o direito constitucional internacional.* São Paulo: Saraiva, 2010.

PEOPLE Magazine — Bullying — a *special report*, out. 2010, p. 56.

RODRIGUEZ, Américo Plá. *Princípios de direito do trabalho.* Tradução de Wagner Giglio. São Paulo: LTr, 1997.

RODRIGUES, Sílvio. *Direito civil* — responsabilidade civil. São Paulo: Saraiva, 2008.

ROBORTELLA, Luiz Carlos Amorim. Assédio sexual no emprego. Repressão penal e reparação civil. *Revista do Advogado — AASP*, São Paulo, ano XXII, n. 66, junho/2002.

ROMITA, Arion Sayão. *Direitos fundamentais nas relações de trabalho.* São Paulo: LTr, 2005.

RUFINO, Regina Célia Pezzuto. *Assédio moral no âmbito da empresa.* São Paulo: LTr, 2007.

_____. A organização do trabalho pode favorecer o assédio moral e o adoecimento dos trabalhadores. *Revista Proteção*, Rio Grande do Sul, Ano XX, setembro/2007.

_____. O assédio moral em face da discriminação da mulher trabalhadora. In: SANTOS, Sidney Francisco dos; LACERDA, Carmem Miranda de (Coords.). *Debate interdisciplinar sobre os direitos humanos das mulheres.* Florianópolis: Insular, 2010.

_____. A mulher e do Direito do Trabalho. In: CANDEMIL, Alexandra (Coord.). *Curso de direito material e processual do trabalho* — uma visão moderna dos direitos sociais. Florianópolis: Conceito, 2010.

RUPRECHT, Alfredo. *Os princípios do direito do trabalho.* Tradução de Edilson ALkimin Cunha. São Paulo: LTr, 1995. p. 107.

SAAD, Eduardo Gabriel. *CLT comentada.* 42. ed. São Paulo: LTr, 2009.

SAGARNA, Fernando Alfredo. *Responsabilidade civil de los docentes y de los institutos de enseñanza* — doctrina y jurisprudencia. Buenos Aires: Depalma, 1996.

SANSEVERINO, Paulo de Tarso Vieira. Responsabilidade Civil no Código do Consumidor e a defesa do fornecedor. São Paulo: Saraiva, 2002.

SANTOMAURO, Beatriz. Cyberbullying. *Revista Nova Escola.* São Paulo: Abril, jun.-jul. 2010.

SANTOS, Maria Celeste C. Leite. *Poder jurídico e violência simbólica.* São Paulo: Cultural Paulista, 1985.

SARDEGNA, Paula C. Acoso sexual, acoso laboral: las cosas por su nombre. *Revista de Derecho Laboral y Seguridad Social*, Buenos Aires, 2007, fasc:09.

SARLET, Ingo Wolfgang. *Dignidade da pessoa humana e direitos fundamentais na Constituição Federal de 1988.* Porto Alegre: Livraria do Advogado, 2004.

SERRANO, Pablo Jiménez. *Metodologia do ensino e da pesquisa jurídica.* São Paulo: Manole, 2003.

SILVA, José Afonso. *Direito constitucional ambiental.* São Paulo: Malheiros, 2003.

SOUZA, Carlos Aurélio Mota de. Despertando a consciência cívica para a cidadania consciente. In: COLTRO, A. C. M.; ZIMERMAN, D. (Coord.). *Aspectos psicológicos na prática jurídica.* São Paulo: Millennium, 2008.

SÜSSEKIND, Arnaldo; et all. Instituições do direito do trabalho. São Paulo: LTr, 2000. v. 1.

TELLES, Inocêncio Galvão. Direito das obrigações. Coimbra: Coimbra Editora, 1997.

VALE, André Rufino. Constituição e direito privado. Algumas considerações sobre a eficácia dos direitos fundamentais nas relações privadas. Revista do Direito Público n. 06 — out., nov. e dez./2004.

VERA, José A. Flores. El coso moral em el trabajo: uma perspectiva multidisciplinar — El acoso psicológico en el trabajo (mobbing). Enfoques Multidisciplinares — Coordinadora: Patrícia B. Barbado. Buenos Aires, julho/2007.

VIEIRA, Oscar Vilhena. Violência e incivilidade na escola. In: COLTRO, Antonio Carlos Mathias; ZIMERMAN, David (Coord.). Aspectos psicológicos na prática jurídica. São Paulo: Millennium, 2008.

VILLAMARIN, Alberto Juan González. Educação e justiça versus violência e crime. Porto Alegre: AGE Editora, 2002, p. 101

VILLELA, Fábio Goulart. Responsabilidade civil do empregador no acidente de trabalho. Revista LTr. São Paulo, Ano 70, julho/2006.

VIVOT, Julio Martinez. La discriminacion laboral — despido discriminatório. Buenos Aires: Ciudad Argentina — Universidad Del Salvador, 2000.

WANDELLI, Leonardo Vieira. Despedida abusiva. O direito (do trabalho) em busca de uma nova racionalidade. São Paulo: LTr, 2004.

Sites:

http://www.assediomoral.org

http://www.oitbrasil.org.br

http://www.trt12.gov.br

http://www.trt17.gov.br

http://www1.jus.com.br/doutrina/texto.asp

://www.Revistajuridica.uol.com.br/advogados-leis/141563